DIE VÖLKERWANDERUNG

EUROPA ZWISCHEN ANTIKE UND MITTELALTER

HERAUSGEGEBEN VON

MATTHIAS KNAUT UND DIETER QUAST

MIT BEITRÄGEN VON

MATTHIAS KNAUT, DIETER QUAST, FELIX BIERMANN, BIRTE
BRUGMANN, MICHEL KAZANSKI, CORINA KNIPPER, RETO MARTI,
DIETER NEUBAUER, WALTER POHL, ARNO RETTNER, PHILIPP
VON RUMMEL, MICHAEL SCHMAUDER UND TANYA ULDIN

THEISS

Sonderheft 2005 der Zeitschrift »Archäologie in Deutschland«

Frontispizabbildung:
Im Wilhelminischen Zeitalter fanden sich die »Germanen auf
der Wanderung« als direkte, glorreiche Vorfahren im »Bildersaal
der deutschen Geschichte«, einem Prachtband aus dem Jahr
1890. Die damaligen Vorstellungen von germanischen Stämmen
waren stark durch das in der Zeit aufblühende Nationalbewusst-
sein geprägt. Immerhin war Deutschland als Nationalstaat erst
seit 1871 vereint.

Bibliografische Information der Deutschen Bibliothek
Die Deutsche Bibliothek verzeichnet diese Publikation in der
Deutschen Nationalbibliografie; detaillierte bibliografische
Daten sind im Internet über http://dnb.ddb.de abrufbar.

Umschlaggestaltung:
Stefan Schmid, Stuttgart, unter Verwendung einer Rekonstruk-
tionszeichnung von M. Gorelik (Hunnischer Reiterführer, 5. Jh.)
sowie einer Abbildung von pa-Picture Alliance, Hamburg (historische Karte des Imperium Romanum um 400; kolorierter
Kupferstich aus dem 17. Jh.)

© Konrad Theiss Verlag GmbH, Stuttgart 2005
Alle Rechte vorbehalten
Die Herausgabe des Werkes wurde durch die Vereinsmitglieder
der WBG.ermöglicht.
Produktion: Verlagsbüro Wais & Partner, Stuttgart
Gesamtherstellung: Himmer Druck und Verlag, Augsburg
Printed in Germany
ISBN 3-8062-1574-x
ISSN 0176-8522

Inhalt

Vorwort

Das Thema Völkerwanderungszeit ist eines von jenen, die besonders gut geeignet sind, die Brücke zwischen Vergangenheit und Gegenwart zu schlagen. Flüchtlingswellen, Einwanderung, soziale Probleme bedingt durch Migration, Integration – all das ist uns aus der jüngeren Geschichte und der aktuellen Berichterstattung geläufig. Der Blick in eine längst vergangene Epoche nimmt uns natürlich nicht die Lösung aktueller Probleme ab, kann aber unsere Perspektive erweitern und manche Prozesse deutlicher erscheinen lassen.

In den letzten Jahrzehnten hat sich das Bild der Völkerwanderungszeit in der Forschung deutlich gewandelt. Sah man lange Zeit germanische Stämme als Zerstörer der antiken Hochkultur an, so stehen jetzt vor allem Begriffe wie Integration und Kontinuität im Vordergrund. Die Völkerwanderungszeit verliert immer mehr ihren rein ereignishaften Charakter und erweist sich als zukunftsweisende Entwicklung, aus der heraus das mittelalterliche Europa erwuchs. Das lang gehegte Bild ethnisch kompakter Stämme wurde zugunsten dynamischer Verbände aufgegeben. Nicht die Geburt bestimmte über die Stammeszugehörigkeit, sondern die Identifikation des Einzelnen, und diese konnte je nach Zukunftsaussicht wechseln. Für das lange Zeit vorherrschende statische Bild der germanischen Stämme spielte nicht zuletzt der Begriff »Völkerwanderung« eine bedeutende Rolle. In anderen Sprachen wird zumeist nur von Migration oder Invasion gesprochen, ohne dass dabei ganze »Völker« auf die Reise geschickt werden.

Die umfangreichen neuen Forschungen zur Völkerwanderungszeit sind in diesem Band kaum umfassend darzustellen. Wir haben uns daher entschieden, einige »Brennpunkte« und aktuelle, modellhafte Untersuchungen herauszugreifen. Manchem Leser mag dadurch der ein oder andere Aspekt, die eine oder andere Region, der eine oder andere Stamm fehlen: Langobarden, Thüringer, Alamannen, Franken, West- und Ostgoten, Skiren, Heruler, Rugier, Sueben und Awaren haben nicht den Raum in diesem Buch, den man ihnen widmen könnte. Wir halten das aber für vertretbar, denn zum einen bieten zahlreiche Ausstellungskataloge dazu einen guten Einstieg, zum anderen wollten wir uns auf neue Forschungen beschränken.

In der Hoffnung, dass uns das durch die Zusammenstellung, der Beiträge gelungen ist, bleibt uns zum Schluss nur allen Autorinnen und Autoren herzlich zu danken, die auf unsere Anfrage sofort bereit waren, ihre neuesten Forschungsergebnisse in einem Artikel beizusteuern. Darüber hinaus schulden wir zahlreichen Kollegen Dank, die uns mit Abbildungsvorlagen und Informationen unterstützt haben, und Herrn Beckedorf vom Theiss-Verlag sowie dem Verlagsbüro Wais & Partner – namentlich Frau Anita Pomper – für die angenehme Zusammenarbeit.

Juni 2005

MATTHIAS KNAUT und DIETER QUAST

chon vor der Völkerwanderungszeit brachen barbarische Kriegerscharen immer wieder plündernd ins Römische Reich ein. Die Beute eines solchen Zuges fand ich bei Neupotz, in einem rm des Altrheins. In der ölkerwanderungszeit traen aber deutliche Veränerungen der Verhältnisse uf: Die germanischen tämme versuchten nun – egitimiert durch Verträge it dem Kaiser –, dauerhaft eil des Römischen Reiches u werden.

Archäologie und Migration

von Dieter Quast und Matthias Knaut

Wanderungsbewegungen bilden fundamentale Faktoren der menschlichen Geschichte: Sie prägen die kulturelle, sprachliche und ethnische Entwicklung der Bevölkerungen von Regionen und Ländern. Seit der Ausbreitung der Frühformen des Menschen von Afrika nach Asien und Europa und dem Auftreten des modernen Menschen (Homo sapiens sapiens) sind sie zu beobachten. Deshalb oder dennoch ist die archäologische Nachweisbarkeit von Wanderungen ein viel diskutiertes Thema. Für die Ausbreitung des frühen Menschen kann noch mit dem Skelettmaterial argumentiert werden, ein sicherer Hinweis darauf, dass sich die Menschen bewegt haben. Doch schon bei der Neolithisierung Europas wird deutlich, dass andere Möglichkeiten denkbar sind, die Quellen zu interpretieren. Die neue Wirtschaftsweise und die damit einhergehenden Veränderungen können durch einwandernde Gruppen verbreitet worden, ebenso gut aber auch einfach vom »Nachbarn« (nach und nach) übernommen worden sein. Doch bleiben Wanderungen bis in die heutige Zeit ein stets präsentes Phänomen, und so verwundert es kaum, dass sich zahlreiche Disziplinen damit befassen. In den Geschichts- und Sozialwissenschaften wird für diese Vorgänge allerdings der Begriff Migration (von lt. *migratio, migrare* wegziehen, den Ort wechseln) verwendet, da in der deutschen Alltagssprache das Wort »wandern« anders besetzt ist, nämlich als »frohes Durchstreifen der Natur, um Körper und Geist zu erfrischen« (Grimm, Wörterbuch der deutschen Sprache). Das Fremdwort ist also eindeutiger, um dauerhafte Ortswechsel von Individuen oder Gruppen zu bezeichnen. Im Gegensatz dazu nennt man nicht dauerhafte Ortswechsel, wie z. B. das Pendeln, Nomadismus oder das Reisen, räumliche Mobilität.

Die »Alterthumskunde« befasste sich bereits im 19. Jh. intensiv mit dem Nachweis von Migrationen. Allerdings galt ihr Interesse damals, im Zeitalter der entstehenden Nationalstaaten, eher dem Nachweis der als eigene Vorfahren postulierten Gruppe als »Ureinwohner«. Wilhelm Lindenschmit stellte 1846 als Untertitel seiner Schrift »Der Vorwelt Räthsel« die Frage »Sind die Deutschen eingewandert?« Im positiven Sinne nutzte schon 1855 der britische Archäologe John Mitchell Kemble die zahlreichen Grabfunde für den Nachweis von Migration. Er machte auf die unverkennbare Ähnlichkeit der Keramikgefäße aus den sächsischen Gräbern Nordwestdeutschlands und denen des angelsächsischen England aufmerksam und sah darin eine Bestätigung der aus den Schriftquellen bekannten Einwanderung der Angeln, Sachsen und Jüten im 5. Jh. Wenige Jahre später, 1870, stellte der französische Gelehrte Gabriel de Mortillet frühlatènezeitliche Funde (um 400 v. Chr.) aus dem Marnegebiet solchen aus dem Gräberfeld von Marzabotto im Apennin gegenüber. Die italischen Funde – im ursprünglichen Grabungsbericht als etruskisch bezeichnet – wertete er als Zeugnis für eine keltische Einwanderung.

Die angeführten Beispiele zeigen, dass es erst einmal darum ging, die durch die Schriftquellen überlieferten Ereignisse archäologisch zu untermalen, und die Völkerwanderungszeit war prädestiniert für diese Versuche.

Fast zwangsläufig führten diese Studien dazu, dass die archäologischen Quellen bestimmten, in den Schriftquellen genannten Stämmen zugewiesen wurden. Auf die Spitze getrieben wurde dieser Ansatz schließlich von Gustav Kossinna, der Anfang des 20. Jh. mit seiner »siedlungsarchäologischen Methode« archäologische Kulturen als exakte Widerspiegelung ethnischer Gruppen ansah. Die kritischen Reaktionen darauf waren zwangsläufig.

Seit den 70er-Jahren entwickelte sich besonders im angloamerikanischen Raum eine kontrovers geführte, oft theoretische Diskussion zur Nachweisbarkeit von Migrationen. Im deutschsprachigen Raum hingegen wurden eher detaillierte Materialstudien betrieben, um bestimmte »Kulturmodelle« zu beschreiben, deren Ausbreitung bzw. Verlagerung dann durch Migration erklärt werden konnte. Jüngere Arbeiten zeigten ein anderes Vorgehen auf: Man versucht verstärkt, die Modelle anderer Kulturwissenschaften, etwa der Ethnologie, Soziologie, Demografie und der jüngeren Geschichte für die Auswertung archäologischen Quellen zu nutzen.

Nach den zahlreichen Arbeiten, die zum Thema verfasst wurden, bleibt eines gewiss: Die Diskussion geht weiter und wird spannend bleiben. Nach wie vor gibt es Wissenschaftler, die den archäologischen Nachweis von Wanderung für unmöglich

Titelblatt der Arbeit von Wilhelm Lindenschmit »Der Vorwelt Räthsel oder Sind die Deutschen eingewandert?«, erschienen 1846 in Mainz.

DER
VORWELT
Räthsel.

oder

Sind die Deutschen

eingewandert?

Urzeit

Römerzeit

halten, und solche, die eine gegenteilige Position vertreten. Wie so oft in vergleichbaren Situationen schauen im Moment alle gebannt auf die Naturwissenschaften, die mit neuen Methoden die Diskussion vorantreiben sollen.

Da die moderne Archäologie von ihrem Selbstverständnis her kaum einzig zur Bestätigung der Schriftquellen dienen kann, stellt sich die Frage, was sie aus ihren eigenen Quellen eigentlich zum Thema Migration zu bieten hat und wie damit argumentiert werden kann. Es bietet sich an, die Gründe für den Aufbruch und die einzelnen »Stationen« zu betrachten, also das Abwanderungsgebiet, den Wanderweg und das Einwanderungsgebiet. Welche Veränderungen treten hier auf und wie schlagen sie sich im archäologischen Quellenmaterial nieder?

Der Reiz des Neuen oder die Unerträglichkeit des Alten

Für die Entscheidung der Menschen, die freiwillig oder unfreiwillig ihren Wohnort verlassen haben, um sich in weiter Entfernung eine neue Existenz aufzubauen, spielten unterschiedliche Gründe eine Rolle. Zum einen solche, die eine negative Veränderung der Lebensbedingungen in ihrem bisherigen Siedlungsgebiet bedingten. Zu solchen Druck- bzw. Push-Faktoren gehören vor allem Naturkatastrophen, Klimaveränderungen, Kriege und Übervölkerung. Archäologisch sind die Push-Faktoren im Abwanderungsgebiet scheinbar leicht zu erfassen. Veränderungen wie z. B. Siedlungsabbrüche sind gut zu erkennen. Doch bleibt stets die Frage, wodurch genau sie bedingt sind. Die Zerstörung des Gotenreiches Ermanerichs in der heutigen Ukraine durch die Hunnen zeichnet sich zwar durch das Abbrechen der Gräberfelder der Černjachov-Kultur ab. Der Grund dafür ist aber archäologisch nicht nachweisbar. Die wenigen Befunde, die auf die Anwesenheit reiternomadisch-östlicher Elemente hinweisen, würde niemand ernsthaft dafür verantwortlich machen wollen, gäbe es nicht die Überlieferung durch die Schriftquellen. Selbst wenn in Siedlungen regelhaft »Zerstörungsschichten« etwa durch Brand nachzuweisen sind, ist dies kein eindeutiger Hinweis auf Gewalt von außen. Schließlich können ja auch die Abwandernden ihre alten Siedlungen vernichtet haben, um eine Rückkehr unmöglich zu machen oder um anderen Gruppen eine Nutzung zu verwehren. Caesar berichtet Vergleichbares von den Helvetiern, die im Jahre 58 v. Chr. ihre Siedlungsgebiete verließen und ihre Dörfer und Oppida verbrannten.

Anders verhält es sich mit Naturkatastrophen jeglicher Art, seien es Missernten, Hochwasser, Klimaveränderungen. Ihr Nachweis erfolgt allerdings durch Naturwissenschaftler. Dabei ist vom Archäologen zu klären, ob nach dem jeweiligen Ereignis wirklich ein (partieller) Abbruch erfolgte, oder ob die Menschen sich beispielsweise durch Veränderungen im Siedlungsgefüge, in der Wirtschaftsweise oder durch kleinräumige Verlagerungen der Siedlungs- und Wirtschaftsflächen an die neuen Rahmenbedingungen anpassten.

Ein in den Schriftquellen immer wieder genannter Faktor für Migration ist archäologisch kaum nachzuweisen, nämlich die Überbevölkerung. Allerdings hat Michael Gebühr den Besiedlungsabbruch auf der dänischen Insel Fünen um 400 n. Chr. – aufbauend auf einer Hypothese und einer Computersimulation – recht überzeugend als Folge von Überbevölkerung interpretiert. Die Quellenlage auf Fünen ist für eine solche Untersuchung durchaus geeignet. Einer ungefähr gleichmäßig dichten Besiedlung folgte um das Jahr 200 eine sprunghafte Zunahme. Dadurch mussten die Agrarflächen ausgedehnt werden, und auch weniger geeignete Böden wurden genutzt. Die stetig wachsende Bevölkerung konnte aber durch die erschöpften Böden nicht mehr ernährt werden. Das rapide Absinken der Bevölkerungszahlen um 400 ist vermutlich durch Abwanderung als Reaktion auf diese Übervölkerung zu erklären.

Neben den Push-Faktoren können aber auch positive Erwartungen an den Zielort zum dauerhaften Ortswechsel motivieren. Zu diesen Sog- bzw. Pull-Faktoren, die zur friedlichen Umsiedlung oder kriegerischen Eroberung veranlassen können, zählen reichhaltige Nahrungsquellen, Bodenschätze und der Reichtum bzw. hohe zivilisatorische Standards anderer Gesellschaften. Gerade für die Völkerwanderungszeit ist der Reiz des Einwanderungsgebietes archäologisch durchaus erkennbar. Schon in den Jahrhunderten zuvor übten Güter aus dem Römischen Reich eine hohe Anziehungskraft aus, die durch kriegerische Einfälle erworben werden konnten. Einen dauerhafteren Zugang ermöglichte aber das Leben im Reichsgebiet. Und Rom hatte durchaus Bedarf. Gerade in der Spätantike wurden die Truppen zur Verteidigung der langen Reichsgrenze durch barbarische Söldner verstärkt oder ausschließlich durch diese gebildet. Dies lässt sich auch in den archäologischen

Quellen erkennen. Auf Kastellfriedhöfen wurden neben den Söldnern auch deren Familien bestattet. Im oberbayerischen Neuburg a.d. Donau konnte ein solcher Friedhof untersucht werden. Vor allem anhand der Keramik konnte die Herkunft einiger der Bestatteten aus dem elbgermanischen Raum bestimmt werden.

Was bleibt?

Im Abwanderungsgebiet tut sich die Archäologie zumeist schwer und das schon allein deswegen, weil es wohl nie zu einer kompletten Abwanderung einer Bevölkerung gekommen ist. Es sind zumeist die »Beweglichen«, die Eliten und Spezialisten, die den Aufbruch wagen. Man sollte zwar meinen, dass sich auch das Verschwinden von größeren Gruppen bemerkbar machen müsste, etwa durch eine plötzliche Verringerung der Gräberzahl auf den Friedhöfen oder durch die Aufgabe von

Gehöften in den Siedlungen. Doch ist ein solcher Nachweis eben keinesfalls monokausal als Ergebnis einer Abwanderung zu interpretieren. Da Holzarchitektur nur eine begrenzte Haltbarkeit hat, kommt es schon aus diesem Grund immer wieder zur Aufgabe baufälliger Gehöfte. Deren Nachfolger wurden zumeist in der Nachbarschaft errichtet. Um eine Abwanderung aufzuzeigen, müsste also die Siedlung vollständig untersucht und feinchronologisch ausgewertet werden. Ein solches Unterfangen ist bei der Größe vor- und frühgeschichtlicher Siedlungsflächen in den seltensten Fällen möglich.

Bei Gräberfeldern ist in vielen Fällen ein plötzlicher Abbruch klar zu erkennen. Auch eine Verringerung während der Nutzungszeit ist nachweisbar. Doch ist das keinesfalls immer auf eine Abwanderung von Bevölkerungsgruppen zurückzuführen. Ein prägnantes Beispiel sei hier angeführt: Im späten 7. und frühen 8. Jh. brachen im heutigen Süddeutschland alle Friedhöfe ab, die zum Teil über 200 Jahre kontinuierlich genutzt worden waren. Für die anschließende Zeit ist anhand der Gräber nur ein kleiner Teil der Bevölkerung nachweisbar. Eigentlich wäre dies ein nahezu »klassischer« Fall, um archäologisch eine Abwanderung zu postulieren. Ein notwendiges Korrektiv bieten aber die Siedlungen, denn sie bestehen ohne Unterbrechung und anscheinend in gleicher Intensität weiter. Die veränderte Quellenlage bei den Gräbern muss also auf andere Faktoren zurückzuführen sein. In diesem Fall auf die Etablierung des Christentums und damit einhergehende soziale Veränderungen sowie die systematische Verlegung der Bestattungsplätze zu den Kirchen.

Im Abwanderungsgebiet sind also nach Möglichkeit Gräberfelder und Siedlungen zu untersuchen. Ergänzende naturwissenschaftliche Untersuchungen wie im Fall der Abwanderung der Angeln nach England im 5. Jh. können die archäologischen Ergebnisse dann zusätzlich stützen. Analysen botanischer Reste zeigen deutlich das Verschwinden von Ackerbau anzeigenden Pollen. Doch auch dann gilt es, nicht vorschnell scheinbar offensichtlichen Interpretationen zu verfallen.

Daher sei hier noch auf die Wanderung der Langobarden von ihren norddanubischen Sitzen in Böhmen und Mähren über Pannonien nach Italien hingewiesen, die zu Recht als archäologisches Paradebeispiel gilt. Nur herrschte lange Zeit die Meinung vor, mit der Abwanderung nach Italien im Jahre 568 seien die bis dahin besiedelten Gebiete geräumt worden. So ließen es zumindest die ar-

Auch bei der Abwanderung der Langobarden nach Italien im Jahre 568 verbliebenen Gruppen in den alten Wohnsitzen, wie neue und altbekannte Funde zeigen. Oben: Bronzener Schwertgurtbeschlag mit Silberplattierung und Tierstil-II-Verzierung aus Bratislava-Rusovce Grab 122 aus der Zeit um 600. Unten: Holzbrett mit Flechtbandverzierung aus einem der Gräber im Großgrabhügel Žuráň bei Brünn.

Spurenelemente:
Knochen und Zähne als Archiv für Migration

Die materiellen Hinterlassenschaften des Menschen gaben der archäologischen Forschung lange Zeit die einzigen Hinweise auf Wanderungen. Werkzeuge, Schmuckstücke oder Waffen konnten jedoch auch verhandelt oder getauscht werden, ohne dass ihre Hersteller oder Besitzer dauerhaft ihren Wohnort wechselten. Deshalb sind Artefakte stets nur indirekte Zeugen menschlicher Mobilität.

Ganz andere Quellen nutzen moderne naturwissenschaftliche Analysemethoden an Skelettresten der Menschen selbst. Mit ihrer Hilfe ist es möglich, ein Archiv an chemischen Informationen über verschiedene Aufenthaltsorte zu erschließen, das in Knochen und Zähnen gespeichert ist. Die bislang am weitesten entwickelte Technik ist die sog. »Strontiumisotopenanalyse«. Sie wurde 1985 erstmals der Fachwelt vorgestellt. Seit den frühen 1990er-Jahren kam sie weltweit in verschiedenen Studien zur Mobilität von Menschen und Tieren zum Einsatz.

Essenziell für die Methode ist das Spurenelement Strontium, das ein regelhafter Bestandteil von Gesteinen ist. In der Natur kommt Strontium (Sr) in vier verschiedenen stabilen Isotopen vor. Eines davon – ^{87}Sr – entsteht durch radioaktiven Zerfall eines anderen Isotops (Rubidium 87). Der Anteil von ^{87}Sr am gesamten Strontium in einem Gestein ist davon abhängig, wie viel Rubidium (Rb) ursprünglich vorhanden war und wie viel Zeit ^{87}Rb zum Zerfallen hatte. Die entscheidende Größe, das Strontiumisotopenverhältnis (^{87}Sr/^{86}Sr), variiert deshalb je nach Art und Alter der Gesteine. Durch die Verwitterung der Gesteine gelangt Strontium mit seiner spezifischen isotopischen Zusammensetzung in den Boden und ins Grundwasser. Dort ist es biologisch verfügbar, d.h. es kann von Pflanzen aufgenommen und weiter durch die Nahrungskette bis zum Menschen transportiert werden. Dabei ändert sich seine ortsspezifische isotopische Zusammensetzung nicht. Die chemischen Eigenschaften von Strontium und Kalzium sind sehr ähnlich. Deshalb kann Strontium bei Säugetieren – und so auch beim Menschen – anstelle des Hauptelements Kalzium in Knochen und Zähnen eingelagert werden. Die Zähne bilden sich während der Kindheit. Der Schmelz, der die Zahnkronen überdeckt, wird im Dauergebiss des Menschen zwischen der Geburt und dem 12. bzw. 14. Lebensjahr mineralisiert. Dabei wird Strontium mit der isotopischen Signatur des bzw. der Orte eingebaut, von denen die Nahrung des Kindes stammte. In vorindustriellen Zeiten wird man davon ausgehen können, dass dies in der Regel die unmittelbare Umgebung des jeweiligen Wohnortes war. Ist der Zahnschmelz einmal mineralisiert, erfährt er keine Veränderungen mehr. Das Strontium mit der Isotopensignatur des Bildungsortes der Zähne – und mit ihm die Informationen über den Wohnort eines Individuums während seiner Kindheit – bleiben über das gesamte Leben gespeichert.

Knochen hingegen unterliegen ständigen Umbauprozessen, bei denen auch Strontium ausgetauscht wird. Erfolgt eine Wanderung in eine Region mit einer anderen geologischen Formation im Untergrund, so wird das Individuum nach dem Ortswechsel mit seiner Nahrung Strontium mit einer anderen isotopischen Zusammensetzung aufnehmen. Das vom Herkunftsort stammende Strontium im Knochen wird allmählich durch Strontium vom neuen Wohnort ersetzt. Mit einem vollständigen Austausch ist je nach Skelettelement nach zehn bis 40 Jahren zu rechnen. Eine Wanderung wird dadurch erkennbar, dass sich die Strontiumisotopenverhältnisse in den Zähnen, die auf den Aufenthaltsort in der Kindheit zurückgehen und die Strontiumisotopenverhältnisse in den Knochen, die die letzten Lebensjahre vor dem Tod repräsentieren, voneinander unterscheiden.

Knochen sind jedoch häufig schlechter erhalten als Zähne. Deshalb ist es zuverlässiger, die Zahnschmelzdaten mit der Isotopie des am Fundort biologisch verfügbaren Strontiums zu vergleichen. Wenn möglich, ist dies aus dem Zahnschmelz von archäologisch überlieferten, potenziell ortskonstant lebenden Klein- oder Haustieren abzuleiten. Dadurch werden Wanderungen auch erkennbar, wenn sie kurz vor dem Tod des Individu-

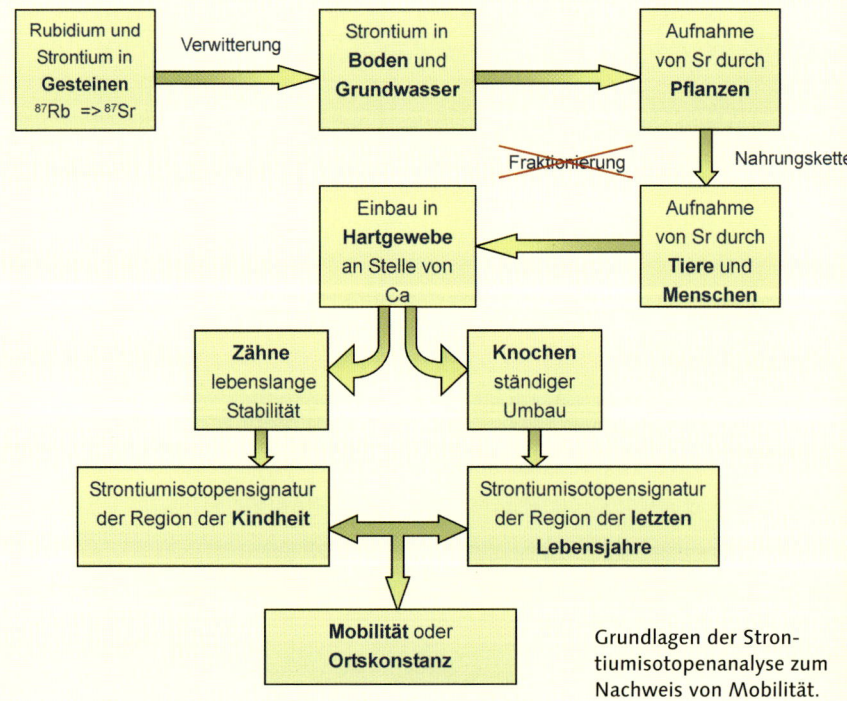

Grundlagen der Strontiumisotopenanalyse zum Nachweis von Mobilität.

ums stattfanden und deshalb nicht genügend Zeit blieb, um die Strontiumisotopensignatur der Knochen signifikant zu verändern, wenn sich kein geeignetes Knochenmaterial erhalten hat oder wenn die Isotopensignale von Knochen während der Bodenlagerung verändert wurden.

Auf das Erkennen von Zuwanderern folgt die Frage nach deren Herkunftsgebieten. Erste Anhaltspunkte können bei geochemischen Forschungen ermittelte Strontiumisotopenverhältnisse von Gesteinen geben. An der Erarbeitung von Karten des regional biologisch verfügbaren Strontiums wird derzeit noch gearbeitet.

Umfangreiche Strontiumisotopenstudien an menschlichen Bestattungen aus Deutschland wurden bislang für die Linearbandkeramik und die Glockenbecherkultur durchgeführt. Mike Schweissing und Gisela Grupe vom Institut für Anthropologie und Humangenetik der Universität München untersuchten Skelettreste germanischer Söldner der späten römischen Kaiserzeit. Von 70 Individuen vom Kastellfriedhof in Neuburg an der Donau konnten zwischen einem Drittel und der Hälfte als Fremde erkannt werden, die wahrscheinlich aus dem Bayerischen Wald oder aus Böhmen stammten. Unter den Frauen war der Anteil an Zuwanderern besonders hoch. Es wurde festgestellt, dass einige Individuen bereits während ihrer Kindheit an mehreren Orten lebten. Möglicherweise handelt es sich um Kinder von Vätern, die ins Römische Heer rekrutiert wurden und deshalb mit ihrer gesamten Familie umsiedelten. Vorläufige Ergebnisse für Bestattungen aus der Völkerwanderungszeit liegen aus Strontiumisotopenanalysen von Zähnen und Knochen von sechs Individuen mit künstlich deformiertem Schädel vor, die ins 5. Jh. n. Chr. datieren und aus Straubing, Altenerding und Peigen in Bayern stammen. Für ein Individuum ist eine Wanderung zu Lebzeiten wahrscheinlich. Eine Herkunft aus dem Osten, wie sie bislang angenommen wurde, konnte noch nicht bestätigt werden. Allerdings fehlt es bisher auch an lokalen Referenzdaten für das biologisch verfügbare Strontium in den entsprechenden Gegenden.

C. K.

chäologischen Quellen vermuten. Neuere Ausgrabungen erbrachten jetzt aber Fundmaterial, das eindeutig in die Zeit nach 568 datiert werden muss, beispielsweise ein Schwertgurtbeschlag mit Tierstil-II-Verzierung aus dem bereits im Frühmittelalter beraubten Grab 122 aus Bratislava-Rusovce. In diesem Kontext ist vermutlich auch ein Holzstück mit Flechtbandverzierung aus einem der Gräber im Großgrabhügel Žuráň bei Brünn zu sehen.

Von A nach B: Der Weg

Nahezu unmöglich ist es, lediglich anhand archäologischer Quellen den Wanderweg einer Gruppe nachzuweisen. Der Wiener Historiker Gerhard Dobesch sieht es – ausgehend von einer Untersuchung des Zuges der Kimbern im zweiten vorchristlichen Jahrhundert – geradezu als Charakteristikum für »Wandervölker« an, dass sie als »Raubexistenzen« über keine eigene Produktion mehr verfügen und deshalb teilweise so schlecht archäologisch nachzuweisen seien.

Eine Ausnahme für die Nachweisbarkeit von Migrationen bilden »Zwischenstationen«, die über mehrere Jahrzehnte besiedelt wurden, wie etwa bei der Wanderung der Goten von der Ostseeküste ans Schwarze Meer. Letztlich beziehen sich diese Nachweise aber eben nicht auf den Wandervorgang, sondern auf die Zielgebiete, die nach einigen Jahrzehnten dann wieder verlassen wurden.

Für den Nachweis des Wanderwegs werden immer wieder Grabfunde genannt, die in isolierter Lage angetroffen werden (d. h. nicht auf einem Friedhof) und ortsfremden Individuen zugeschrieben werden (können). Allerdings werden gerade diese Gräber oft zufällig angetroffen, sodass ohne Nachgrabungen kaum gesagt werden kann, ob sie wirklich vereinzelt liegen. In der Völkerwanderungszeit kommt hinzu, dass außerhalb des römischen Reiches ohnehin nur relativ kleine Grabgruppen bekannt sind, bei denen der Raum zwischen den einzelnen Gräbern durchaus mehrere Meter betragen kann. Somit bleibt selbst dann, wenn man mit einiger Sicherheit meint, das Grab eines Fremden gefunden zu haben, immer noch die Frage, ob er auf dem Weg oder am Ziel seiner Wanderung gestorben ist. So wird beispielsweise für die beiden Gräber aus Fürst und Götting diskutiert, ob die beiden aus dem ostgermanischen Raum stammenden Toten während einer hunnischen Heeresexpedition hier verstarben, oder aber in der Provinz *Raetia secunda* im römischen Heer gedient hatten.

Ein anderer Versuch, einen Wanderweg – zusätzlich zu den Schriftquellen – archäologisch nachzuzeichnen, erfolgt durch die Kartierung von Schatzfunden. Als Beispiel sei hier der Zug der vandalisch-alanisch-suebischen Gruppe durch Gallien in den Jahren 407–409 angeführt. Die Schatzfunde sind durch die jüngsten Münzen gut datiert, und ein Zusammenhang mit dem Einfall der »Barbaren« wäre denkbar. Dennoch ist die Gesamtzahl der

Schatzfunde dieser Zeit sehr gering und der Grund für deren Verbergung bleibt letztlich unsicher. Nicht nur der Durchzug der Vandalen sorgte in diesem Zeitraum für unsichere Verhältnisse. Auch die Usurpationen von Constantinus III. (407–411) und Jovinus (411–413) bedingten Unruhen, die Gründe für die Verbergung von Schätzen geliefert haben können.

Das Ziel

Das Einwanderungsgebiet spielt in der Archäologie seit jeher die entscheidende Rolle bei dem Versuch, Migrationen nachzuweisen. Lediglich anhand demografischer Veränderungen ist das aber kaum möglich. Bleibt doch immer die Frage, ob die »ursprüngliche« Bevölkerung in ihrer Größe überhaupt zu rekonstruieren ist, oder ob abweichende Bestattungsbräuche oder ungenügende Datierungsmöglichkeiten nicht die Aussagekraft der archäologischen Quellen schmälern.

Der polnische Archäologe Kazimierz Godłowski hat sich anhand von Besiedlungskarten großräumig und detailliert mit dem Phänomen von Wanderungen beschäftigt. Aus seinem Arbeitsgebiet, dem heutigen Polen und den angrenzenden Gebieten, sind aus dem Zeitraum vom ersten vorchristlichen bis zum 4. nachchristlichen Jahrhundert mehrere hundert Fundstellen bekannt, die unterschiedlichen archäologischen Kulturen zugewiesen werden können. Godłowski hat zeitlich gestaffelte Karten erstellt, auf denen die Ausbreitung einzelner Kulturen (z.T. auf Kosten anderer) und auch das Verschwinden anderer deutlich zu erkennen ist. Diese Ergebnisse hat er mit den Schriftquellen konfrontiert und eine bemerkenswerte Parallelität festgestellt. So stimmt beispielsweise die Expansion der Przeworsk-Kultur in der zweiten Hälfte des 2. Jh. in die Karpatenukraine, die östliche Slowakei und nach Nordostungarn mit dem schriftlich fixierten Auftauchen wandalischer Stämme an den nördlichen Grenzen Dakiens überein.

Ähnlich interessant ist ein Gräberfeld, das zwischen 1992 und 1993 in Isle-Jourdain, ca. 35 km westlich von Toulouse untersucht werden konnte. Es wurde nur relativ kurze Zeit genutzt, nämlich zwischen ca. 510 und 550. 46 der insgesamt 63 Gräber sind reich mit Beigaben ausgestattet, die im nördlichen Gallien überhaupt nicht auffallen würden. Im südwestlichen Frankreich sind sie aber einzigartig. In diesem Gebiet sind beigabenführende Friedhöfe seit dem 5. Jh. nämlich unbekannt. Das Gräberfeld wurde vermutlich von einer eingewanderten Gruppe angelegt. Auffällig ist, dass 507 das tolosanische Westgotenreich von den Franken in der Schlacht bei Vouillé zerschlagen wurde. Die Neuansiedlung könnte daher mit der Einbindung der neuen Gebiete in das Frankenreich zusammenhängen.

In seltenen Fällen bezeugen auch epigrafische Zeugnisse die Anwesenheit Fremder. Das gilt in besonderem Maße für Grabinschriften, die beispielsweise einen Toten mit germanischem Namen im ehemals römischen Reich nennen. In *Hippo Regius*, dem heutigen Annaba in Algerien, wurde in der Basilika ein Grab aus der Zeit der vandalischen Herrschaft entdeckt. Auf dem Grabstein wird die Tote mit Namen (Ermengon) und Stammeszugehörigkeit (Suaba) genannt.

Deutliche Hinweise auf Fremde können die Skelette selbst geben. Einige völkerwanderungszeitliche Schädel wurden von den Anthropologen als mongolid bestimmt, d.h. sie weisen zentral- bis ostasiatische Merkmale auf. Diese Individuen dürften durch die Westexpansion reiternomadisch hunnischer Gruppen in den Westen gelangt sein. Es sind aber nur sehr wenige »Asiaten«, die anthropologisch in Ost- und Mitteleuropa nachgewiesen werden konnten.

Die beschriebenen Beispiele sind aber in ihrer Deutlichkeit Ausnahmen. Oft sind es wenige Indizien, die von den Archäologen in sorgfältigen Detailuntersuchungen als Niederschlag zugewanderter Gruppen interpretiert werden können. Fremde

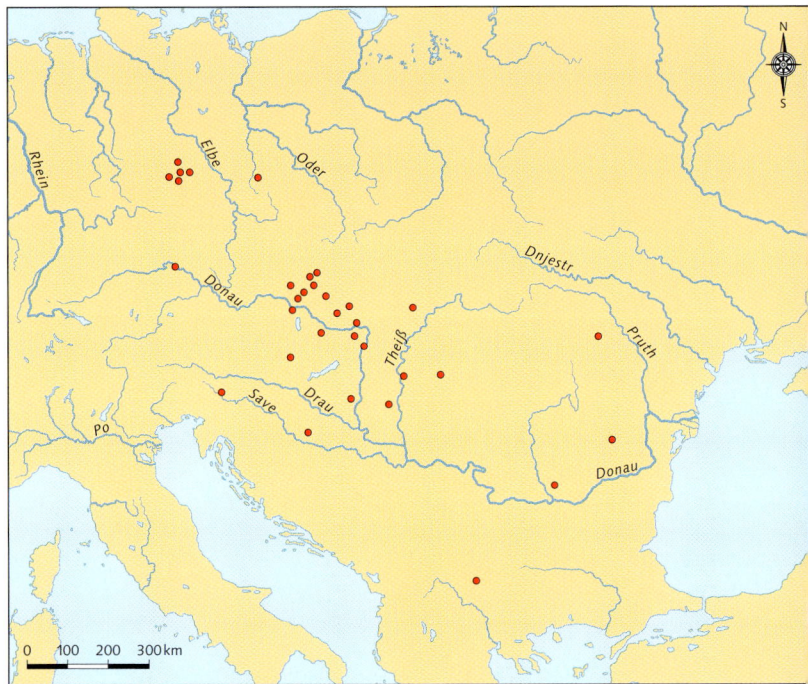

Die Karte zeigt die Verbreitung völkerwanderungszeitlicher Schädel mit asiatischen (mongoliden) Merkmalen, also zugewanderter Menschen. Eine deutliche Konzentration im hunnischen Machtbereich nördlich der mittleren Donau ist unverkennbar.

Grabsitten sind in diesem Zusammenhang zu nennen. Sie spiegeln zumindest teilweise abweichende geistige Vorstellungen und Traditionen. Ein besonders prägnantes Beispiel stellen zweifellos die Brandgräber des 7./8. Jh. dar, die bei den Ausgrabungen im griechischen Olympia entdeckt wurden. Die Beigaben aus diesen Gräbern und die Keramik zeigen so deutliche Bezüge zum slawischen Raum und weichen gleichzeitig so markant von ihrem byzantinischen Umfeld ab, dass man hier sicher eine Nekropole slawischer Einwanderer vermuten darf.

In anderen Fällen zeigen erst sorgfältige Analysen das »Fremde«. Das kann die Zusammensetzung der Beigaben sein oder einfach die Art, bestimmte Objekte niederzulegen. Bei einigen Gräbern der zweiten Hälfte des 5. Jh. im alamannischen Raum wurde beispielsweise etwas oberhalb vom Kopf des Toten eine Extra-Nische gegraben, in der die Keramikbeigaben deponiert wurden. Es war also ein ganz bewusster Akt, die Gefäße nicht zusammen mit den anderen Objekten direkt beim Toten niederzulegen. In alamannischen Gräbern, die vor 450 angelegt wurden, fehlen Kopfnischen. Sie sind aber aus Gräberfeldern im mittleren Donauraum bekannt. Wurde die Sitte durch Einwanderer von hier in den alamannischen Raum vermittelt? Dafür würde sprechen, dass die alamannischen Gräber mit derartigen Nischen häufig auch Beigaben enthielten, die enge Bezüge zum mittleren Donauraum aufweisen. Andererseits gibt es kein alamannisches Grab, dessen Beigaben komplett aus dem beschriebenen Gebiet stammen. Eine Bestattung aus Flaach in der Nähe von Zürich unterstreicht das sehr gut.

Das Grab aus Flaach ist modern ausgegraben und hat somit auch Hinweise auf den Grabbau und die Lage der Funde im Grab geliefert. Für einen großen Teil der bekannten völkerwanderungszeitlichen Grabfunde ist das aber nicht gegeben. Häufig liegen nur die Funde vor sowie die Information, dass sie aus einem Grab stammen. Wie sind die fremden Objekte zu interpretieren? Sind Gegenstände aus wertvollen Materialien eher durch Handel vermittelt als beispielsweise Keramik? Wurde Kleidungszubehör überhaupt verhandelt? Sind gar Wanderhandwerker für fremde Objekte verantwortlich? Konnte »Mode« die weite Verbreitung von Typen bestimmen?

Für alle diese Fragen ließen sich positive Antworten im archäologischen Material wahrscheinlich machen; Joachim Werner hat dies bereits vor 35 Jahren in einer Studie belegt. Hier sollen aber

nur ein paar Beispiele für den Themenkomplex Migration vorgestellt werden.

Im Gräberfeld von Altenerding bei München wurde ein Frauengrab der Zeit um 500 entdeckt, das so gar nicht in das Spektrum zeitgleicher Frauengräber aus dem heutigen Süddeutschland passt,

ermutlich durch Zuwan-
erer aus dem mittleren
onauraum gelangte kurz
ch der Mitte des 5. Jh.
e Sitte, (einen Teil der)
eise- bzw. Getränkbeiga-
en in einer Extra-Nische
n Kopfende des Grabes
 deponieren, zu den Ala-
annen. Das Grab 19 aus
aach lässt auch durch ei-
ge Beigaben Beziehungen
m mittleren Donauraum
kennen.

Vollkommen fremd im baiwarischen Umfeld war die
Kleidung der in Altenerdi[n]
Grab 421 beigesetzten Fra[u]
Vergleichbare Funde sind
aus Skandinavien, dem Ba[l]
tikum und dem angelsäch[si]
sischen England bekannt.

ine Gepidin aus dem
heissgebiet in Valentine in
en »Midi Pyrénées«?

denn es enthielt zwei Fibeln und ein Nadelpaar, die in diesem Raum einmalig sind. Im Baltikum, in Skandinavien und im angelsächsischen England sind diese Typen aber zahlreich nachgewiesen. Leider ist das Grab 421 teilweise gestört, sodass über die Lage der Objekte im Grab keine ergänzenden Informationen gewonnen werden können. Wie sind also diese fremden Kleidungselemente zu erklären? Gelangten sie durch Raub, Handel oder sonstige Kontakte zu den Baiuwaren? Oder zusammen mit der Trägerin? Man wird tendenziell die Interpretation der »fremden Frau« bevorzugen und zwar aus zwei Gründen: Erstens erscheint der Handel aufgrund der Singularität im süddeutschen Raum und aufgrund des Fehlens vergleichbarer Funde zwischen Baltikum/Skandinavien und Bayern eher ausgeschlossen. Zum anderen deutet der relativ vollständige Satz fremden Kleidungszubehörs eher auf eine Migrantin.

Im Gegensatz dazu weist das Frauengrab 7 aus Valentine (Dép. Haute-Garonne; F) mit dem Paar kleiner cloisonnierter Scheibenfibeln lokale Formen auf. Dennoch wirkt es deutlich fremd in seinem Umfeld. Schon allein die Beigabensitte ist in diesem Raum zu dieser Zeit nicht üblich. Die große Gürtelschnalle schließlich muss in dieser Region schon zu Lebzeiten der Bestatteten ein extrem auffälliger Kleidungsbestandteil gewesen sein. Vergleichbare Stücke sind ausschließlich aus dem Donau-Theiß-Gebiet bekannt. István Bóna hat das Grab dementsprechend mit Gepiden aus *Sirmium* (heute Sremska Mitrovica; Serbien) in Verbindung gebracht, die – zwei Briefen Cassiodors zufolge –

523 von Theoderich dem Großen in die Provence umgesiedelt worden waren.

Es sind anscheinend nur Frauen, die in der Fremde gut zu erkennen sind. Dabei können fremde Funde und Grabsitten natürlich leichter erkannt werden, wenn sie aus weit entfernten, archäologisch klar zu unterscheidenden Regionen stammen. Die Beigaben aus Männergräbern sind hingegen schwieriger regional zu differenzieren. Gerade die Bewaffnung weist eine gewisse Einheitlichkeit der Formen auf. Lediglich in Gebieten, in denen die Waffenbeigabe an sich vollkommen unüblich ist, wirken mit Waffen ausgestattete Gräber fremd.

Einen indirekten Hinweis auf erzwungene Migrationen liefert ein Aspekt, den man heute als Technologietransfer bezeichnen würde. Die Vermittlung neuer, komplizierter Fertigungsverfahren und Techniken ist nämlich kaum durch einfaches »Abschauen« denkbar. In diesem Kontext werden zwar immer wieder Wanderhandwerker genannt, aber vermutlich haben Kriegsgefangene eine sehr viel bedeutendere Rolle gespielt. Römische Töperöfen im thüringischen Haarhausen spiegeln das wohl ebenso, wie die auf dem Augsburger Siegesaltar genannten verschleppten Bewohner des römischen Reiches. Dies sind aber besondere Glücksfälle für die Archäologie, denn bereits der Nachweis für Technologietransfer ist archäologisch nur schwer zu erbringen. Die Produktionsstätte in Haarhausen und die Inschrift aus Augsburg bieten also neue Einblicke und Interpretationsmöglichkeiten.

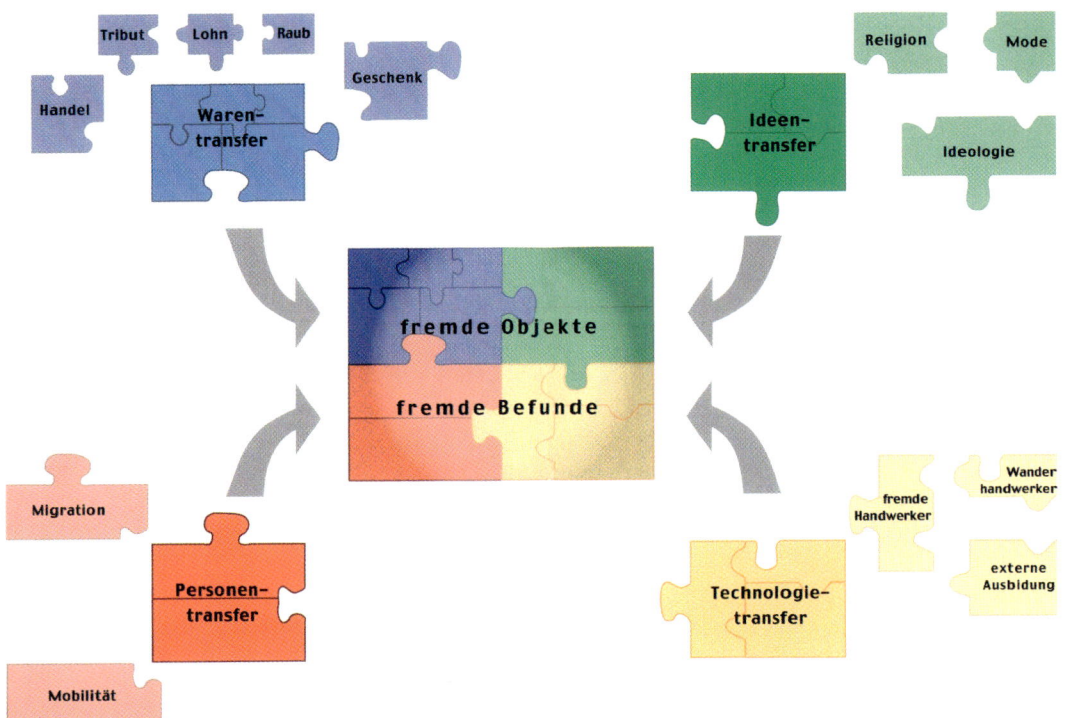

Möglichkeiten für die
Vermittlung fremder Funde
und Befunde

Ein komplexes Geschehen

Versucht man, die archäologischen Möglichkeiten der Nachweisbarkeit von Migrationen zusammenzufassen, kristallisieren sich vier Faktoren heraus, die fremde Funde und Befunde bedingen können. Es handelt sich um Waren-, Ideen-, Technologie- und Personentransfer. Natürlich stehen diese vier Stränge nicht unverbunden nebeneinander. Ohne Menschen funktioniert weder Waren- noch Technologietransfer. Auf der anderen Seite ist Personentransfer archäologisch zumeist nur indirekt, eben über die oben genannten fremden Funde und Befunde, zu erschließen. Die genannten Faktoren *können* Hinweise auf eingewanderte Gruppen sein, müssen es aber nicht. Hier ist stets eine sorgfältige Analyse der Funde und Befunde gefragt, was natürlich für die Interpretation archäologischer Quellen generell gilt. Die Archäologie muss ihre Argumente

für einen möglichen Nachweis von Migrationen zwar benennen, doch wird sie wohl kaum allgemein gültige Modelle entwickeln können, wie die oben angeführten Beispiele zeigen. Das verwundert kaum, verändern sich doch die wandernden Gruppen ständig und zwar besonders in dem Sinne, dass es sich nicht um statische Verbände handelt, sondern um sehr dynamische, die sich im Verlauf einer längeren Migration stetig wandeln (können). Aber auch die archäologischen Quellen sind aus zahlreichen Gründen sehr unterschiedlich in unterschiedlichen Zeiten und Räumen. Dennoch bieten »ortsfremde« Funde und Befunde einen guten Ansatzpunkt für weitere Diskussionen. Immer wieder sollte erst das Potenzial der archäologischen Quellen betrachtet werden, das dann unter Einbeziehung der Modelle verwandter kulturwissenschaftlicher Disziplinen und naturwissenschaftlicher Untersuchungen auf breiterer Basis interpretiert werden kann.

Aus römischer Sicht

Das römische Reich war über Jahrhunderte die bestimmende Macht in weiten Teilen Europas und konnte seinen Herrschaftsbereich nahezu kontinuierlich ausdehnen. Zwar kam es an den Grenzen immer wieder zu kriegerischen Auseinandersetzungen, doch erst seit dem 3. Jh. fielen germanische Gruppen verstärkt tief ins Reichsgebiet ein. Eine deutliche Veränderung trat aber mit Beginn der Völkerwanderung ein: Germanische Stämme versuchten nun, durch Verträge legitimiert, sich im römischen Reichsgebiet anzusiedeln, wo sie hauptsächlich militärische Aufgaben übernahmen. Dies führte zu Einblicken in Verwaltungsstrukturen, Organisationsformen, Lebensart und deren Übernahme bzw. Angleichung daran. Letztlich bildeten genau diese Vorgänge die Grundlage dafür, dass germanische Stämme in der Lage waren, ihre Königreiche im ehemaligen Reichsgebiet zu gründen.

Wie wurden diese Prozesse von den damaligen Menschen wahrgenommen? Was lassen die Schriftquellen über die Veränderungen innerhalb der reiternomadischen und germanischen Verbände erkennen, die sich durch die Dynamik der Ereignisse zweifellos vollzogen haben? Nahmen die im (ehemals) römischen Reichsgebiet lebenden Menschen die Veränderung der mediterranen Welt wahr, die zum Ende des weströmischen Reiches führten, an dessen Stelle nun gentile Königreiche traten? D. Q.

Das römische Reich mit seinen beiden Reichsteilen zu Beginn des 5. Jh.

Die Völkerwanderung:
Wandlungen und Wahrnehmungen

von Walter Pohl

Immer noch ist die Völkerwanderung ein belastetes Thema, in dem allerlei überkommene Bilder und Vorurteile mitschwingen; es genügt, daran zu erinnern, dass in Italien oder Frankreich stattdessen von »invasions des barbares« oder Ähnlichem die Rede ist. Die Völkerwanderungszeit, im engeren Sinn die beiden Jahrhunderte von ca. 375 – dem Auftauchen der Hunnen in den Steppen nördlich des Schwarzen Meeres – und ca. 568 – der langobardischen Eroberung Italiens und der awarischen Reichsgründung im Karpatenbecken – ist ein gutes Beispiel dafür, dass nicht nur die Geschehnisse im eigentlichen Sinn, sondern auch Wahrnehmungen, Interpretationen und Bedeutungen ein historisches Ereignis ausmachen. Die Wahrnehmung der Völkerwanderungszeit war immer in besonderer Weise von vielfältigen Deutungen und Affekten geprägt, nicht erst in der Zeit des Nationalismus seit dem 19. Jh., als viele europäische Völker ihre Ursprünge suchten, sondern bereits im Frühmittelalter.

Für die griechisch-lateinische Hochkultur der Antike waren die Völker des Nordens Barbaren, die sich schlecht oder gar nicht in den beiden Leitsprachen des Mittelmeerraumes verständigen konnten. Beobachtungen, Vorurteile, Missdeutungen und gelehrte Interpretationen verbanden sich zum Barbarenbild der klassischen Ethnografie. Danach waren die Barbaren unbeherrscht, wild, roh, unzivilisiert, schmutzig, treulos, gierig, aber auch tapfer und unverdorben. Vieles an ihrem Naturell wurde auf das kalte Klima zurückgeführt, das unter anderem ihre große Fruchtbarkeit bewirkte, aus der Sicht der Zeitgenossen der eigentliche Grund der Völkerwanderungen. Innerhalb dieses Stereotyps waren durchaus Abstufungen möglich, etwa wenn Ammianus Marcellinus (31, 3) am Ende des 4. Jh. die weniger barbarischen Alanen von den viel wilderen Hunnen unterschied, die angeblich nicht einmal gekochtes Fleisch kannten, zusammengeflickte Pelze kleiner Säugetiere trugen und keine festen Gebäude betreten wollten. Die Hunnen galten zudem als hässlich, während man die Germanen oft auch als schön betrachtete. Aus christlicher Sicht kam in der Spätantike das Element des Heidentums oder der Häresie dazu, was den Barbarenvölkern mit wenigen Ausnahmen die Rolle der »ganz anderen« zuwies.

Die Wahrnehmungen der Römer von ihren barbarischen Nachbarn hatten nicht nur rein abwertenden Charakter, sie haben ein durchaus vielfältiges Bild jener Völker geschaffen, das auch auf sie selbst wieder zurückwirkte. Dazu trugen zum einen wiederholte zivilisationskritische Darstellungen bei, die den Barbaren als »edlen Wilden« durchaus positive Züge zuwiesen; am berühmtesten ist die ca. 100 n. Chr. verfasste Germania des Tacitus, die allerdings erst nach ihrer Wiederentdeckung durch die Humanisten in der Neuzeit ihre ganze Wirkung entfaltete. Einflussreicher war zunächst Orosius, der bald nach 400 die Barbaren seiner Zeit relativ günstig zeichnete, um auf diese Weise nach der Plünderung Roms durch die Goten (410) die Überlegenheit der christlichen Epoche zu erweisen. Er schuf so den Ansatzpunkt für eine positive Wertung der Völkerwanderungszeit im Mittelalter, da sie die heidnischen Völker in Kontakt mit dem Christentum gebracht hatte.

Zum anderen waren die Römer ständig bemüht, die schwer überschaubaren Verhältnisse jenseits des Limes begrifflich wie praktisch zu ordnen. Dazu dienten zunächst die ethnischen Bezeichnungen. Die Römer orientierten sich im Barbarenland nach »gentes«, Stämmen oder Völkern, von denen immer wieder Kataloge mit zahllosen Namen angelegt wurden, von Tacitus, Strabo und Ptolemaios in der frühen Kaiserzeit bis hin zu Jordanes oder Prokop im 6. Jh. Das entsprach teils durchaus den kleinräumigen Identitäten barbarischer Gruppen, hob aber wohl doch manche Zugehörigkeiten auf Kosten anderer hervor und fixierte damit für die römischen ebenso wie für unsere Anschauungen ein relativ zeitresistentes Bild von in Wirklichkeit recht bewegten Verhältnissen. Diese meist recht kleinen Völker wurden wiederum in ethnografische Großgruppen gegliedert, darunter vor allem in Germanen und Skythen.

Es kann gegenüber der älteren Germanenforschung, die in den Germanen ein »Volk«, bestehend aus vielen »Stämmen«, sah, gar nicht nachdrücklich genug darauf hingewiesen werden, dass dieser römische Germanenbegriff ein seit Caesar von außen gegebener Sammelname war, dem kein germanisches Volksbewusstsein entsprach. Caesar hatte bekanntlich »Germania« als Großraumbegriff für den Raum östlich des Rheins und nördlich der Donau eingeführt. Die Abgrenzung nach Westen (wo »Germania« zum Namen zweier gallischer Provinzen wurde) und Osten (wo Tacitus Zuordnungsprobleme mehrerer Völker diskutierte) blieb problematisch; zudem wurde der caesarische Germanenbegriff von der griechischen Ethnografie, die die Germanen als Teil der Kelten betrachtete, nie wirklich rezipiert. In jedem Fall unterschied sich der antike Germanenbegriff stark vom modernen; letzterer setzte eine »naturgemäße« Zuordnung nach der Sprache voraus, während ersterer nach einem offenen Bündel von Merkmalen, vor allem aber nach der territorialen Zuordnung schied. Auf diese Weise galten die (germanischsprachigen) Goten der Spätantike ebenso wie die (iranischsprachigen) Alanen und die Hunnen (deren Sprache nicht mehr zuordenbar ist) gleichermaßen als Skythen.

Im Lauf der Spätantike verschwand der Germanenbegriff überhaupt aus der zeitgenössischen politischen Geografie. Die Völkerwanderung hatte ihm seine geografische Basis entzogen, und durch die Vielfalt der Lebensformen von Gruppen germanischer Herkunft auf Reichsboden verlor er offenbar jede Evidenz. Stattdessen sprach man nun von neuen Großvölkern, die ebenfalls zuerst als römische Wahrnehmungen fassbar werden: Franken, Alemannen, Goten oder Vandalen. Keinem Zeitgenossen ihrer Reichsgründungen auf dem Boden des Imperiums wäre es eingefallen, sie alle pauschal als Germanen zu charakterisieren.

Den begrifflichen Bemühungen der Römer, die Vielfalt barbarischer Verbände unter Kontrolle zu bekommen, entsprach auch ihre Barbarenpolitik. Jahrhundertelang hat Rom in der Germania versucht, zuverlässige Partner mit stabilen politischen Verhältnissen aufzubauen. Diesem Ziel dienten Geschenke, Gesandtschaften, der Abschluss von Bündnissen, die Entsendung von Königen, die Unterstützung politischer Partner gegen innere und äußere Rivalen und Ähnliches. War eine barbarische Gruppierung als Feind ausgemacht, wurde sie oft das Ziel unbarmherziger Offensivoperationen, was bis zum gezielten Versuch des Genozids gehen konnte. Das war noch im 6. Jh. nicht anders als in der Zeit von Caesar und Augustus. Grundlage der römischen Barbarenpolitik war eine Unzahl von Informationen über die inneren Verhältnisse im Barbaricum. Manches davon ist in den Geschichtswerken wie dem des Ammianus Marcellinus im 4., des Priskos im 5. und des Prokop im 6. Jh. überliefert und erlaubt es in Ansätzen, die ethnografischen Vorurteile der Zeitgenossen (ebenso wie die nationalistischen Fiktionen der modernen Wissenschaft) zurechtzurücken. In anderen Fällen hat es den Anschein, als hätten sich in den Machtzentren des spätrömischen Staates die Ideologen gegenüber den wohlinformierten Spezialisten vor Ort durchgesetzt. Dieses »falsche Bewusstsein« von den Barbaren wird in vielen Texten, in Panegyrici und Gedichten, in Reden und Briefen, in Inschriften und Predigten spürbar, und manche fatale politische Fehlentscheidung mag dadurch zu erklären sein.

Eines musste den Römern freilich verborgen bleiben: Nämlich wie sehr sie selbst bei allen Bemühungen, die Verhältnisse im Barbarengebiet unter Kontrolle zu behalten, an deren langfristiger Destabilisierung beteiligt waren. Die Vorstellung von den Barbaren als dem »ganz Anderen« verschleierte, in wie vieler Hinsicht das römische Sys-

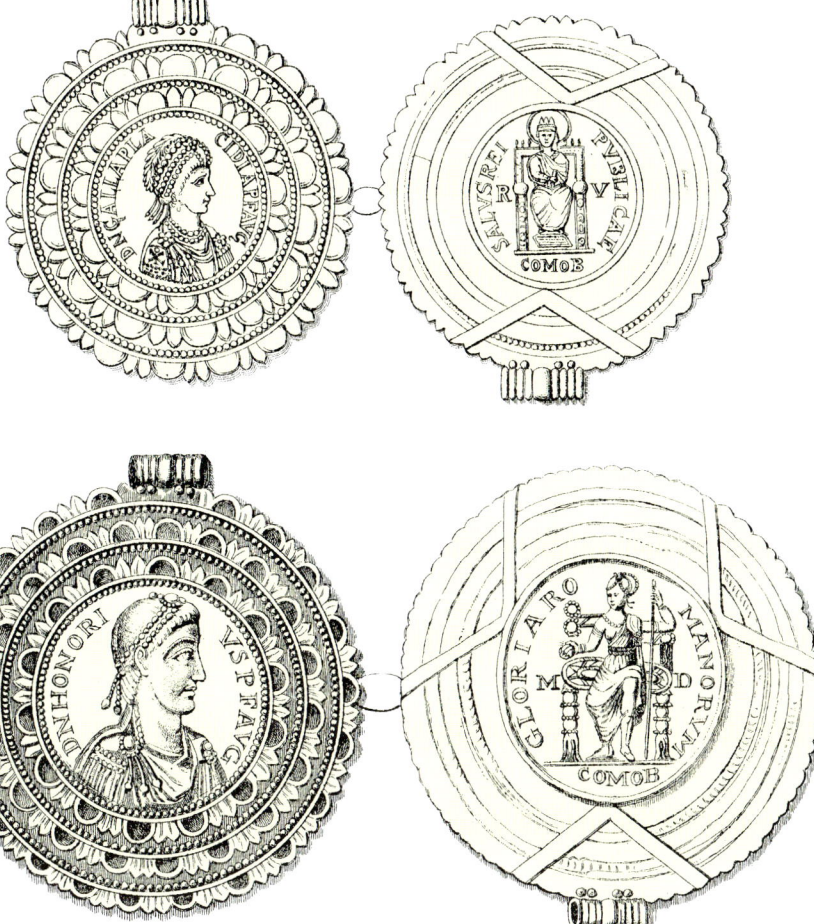

Prestigeträchtige Geschenke dienten dem Ziel, zuverlässige Partner mit stabilen politischen Verhältnissen aufzubauen und zu stützen. Große Goldmedaillons mit einem Gewicht von bis zu 50 g wurden zu diesem Zweck vergeben. Die abgebildeten Exemplare – Prägungen von Honorius und Galla Placidia – stammen aus dem niederländischen Schatzfund von Velp (Gew. 40 und 61 g).

fentlichkeit. Als Gefangene, die im Triumphzug mitgeführt wurden, oder als Gladiatoren in der Arena machten sie die Gefahr augenfällig, der die antike Zivilisation von außen her ausgesetzt war, bestätigten die alten Feindbilder und ermöglichten es zugleich, im Spektakel ihrer Überwindung die Überlegenheit der römischen Ordnung zu beweisen. Manch ein römischer Kaiser versuchte im Triumph über Barbaren seine Stellung nach innen zu verbessern, und ein ungeheurer Propaganda-Apparat verbreitete solche Siegesbotschaften auf Inschriften, in bildlichen Darstellungen, auf Münzbildern oder in feierlichen Deklarationen im ganzen Imperium.

Besser war zumeist Status und Schicksal barbarischer Soldaten in römischen Diensten, wie sie zunächst in Auxiliarformationen, in der Spätantike aber auch massenhaft in der regulären römischen Armee Dienst taten. Hier ergab sich seit dem 4. Jh. die Chance für barbarische Karrieren bis in die höchsten Ränge. Generäle barbarischer Herkunft wie der Franke Arbogast, der Vandale Stilicho oder der Gote Gainas waren zwar um 400 in einer prekären Position (und erlitten alle drei ein tragisches Schicksal), aber sie bereiteten in den Machtzentren des römischen Staates den Boden für die spätere Machtübernahme römischer Amtsträger barbarischer Herkunft wie Odoaker, Theoderich oder Chlodwig. Schon lange vor dem Beginn der eigent-

Propaganda auf Münzrückseiten: Links ein Silbermedaillon des Kaisers Honorius (395–423). Auf der Rückseite ist der Kaiser neben einem gefesselten Gefangenen als TRIUMFATOR GENTIUM BARB-(ARORUM) bezeichnet. Rechts eine Bronzemünze mit Silbersud, geprägt unter Constantius I. für Crispus (324/25). Auf der Rückseite Victoria, den Fuß auf einen kauernden Gefangenen setzend, mit der Inschrift ALAMANNIA DEVICTA.

tem diese Barbaren benötigte und ihre Wanderungen mit auslöste. Am wichtigsten waren die Barbaren als Sklaven, deren Arbeit erst die ökonomischen Voraussetzungen für das römische Imperium schuf. Barbarenkriege brachten notwendigen Nachschub an Sklaven, wozu aber auch die nur selten erwähnten Züge privater Sklavenjäger einen nicht zu unterschätzenden Anteil beitrugen. Überwundene barbarische Krieger spielten zudem eine wichtige symbolische Rolle in der römischen Öf-

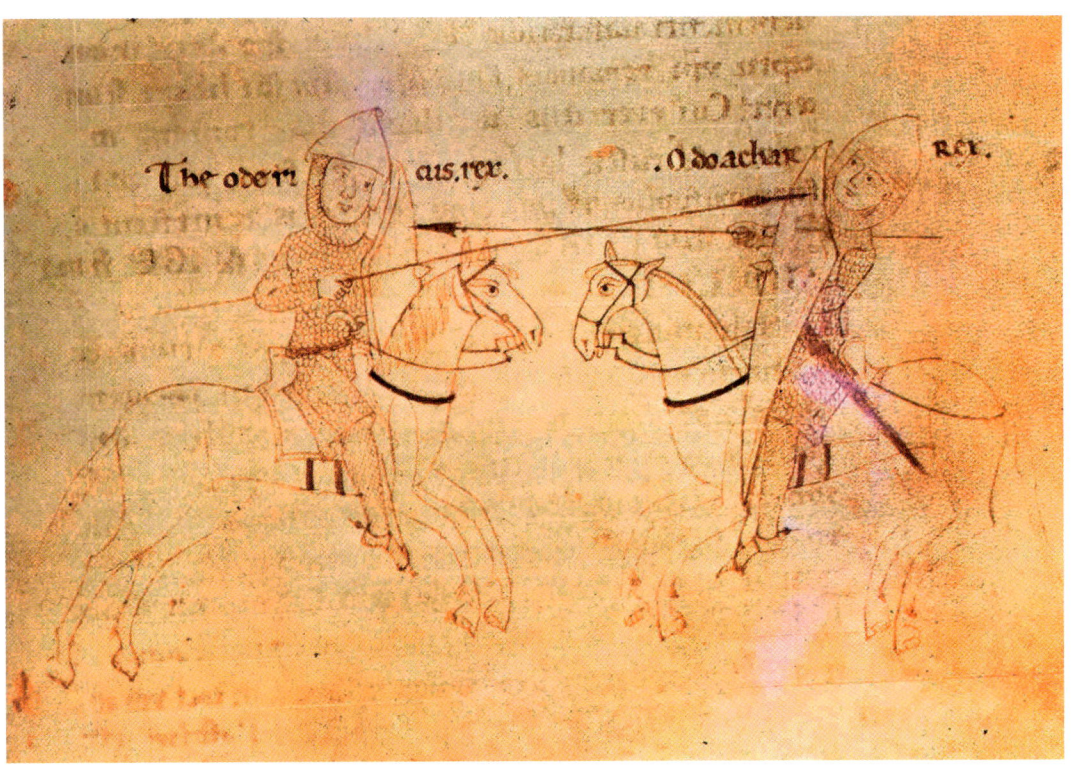

Ein »Kampf der Zivilisationen« war die Völkerwanderungszeit nicht; zu sehr waren einander die Konkurrenten im Kampf um die Macht ähnlich geworden. Diese Darstellung des 12. Jh. zeigt den Kampf zwischen Theoderich und Odoaker um die Herrschaft in Italien

Die Markussäule in Rom: nach den langjährigen, das römische Reich erschütternden Markomannenkriegen triumphierte das Reich über die Barbaren.

zum Beispiel in der Regel, wann ein günstiger Zeitpunkt für einen Plünderungszug war. Auch die Schwächen des römischen Systems blieben sicherlich nicht unbekannt.

Gerade die Grenzgebiete an Rhein und Donau waren in der Spätantike keine Randzonen, sondern Verdichtungsgebiete einer wenn auch nicht in allem klassischen Romanitas, deren Außenwirkung beträchtlich war. Keine Kultur zuvor hatte derart vielfältige und wirksame Repräsentationsformen der Macht entwickelt. Dass die Chancen auf Reichtum, Prestige und Karriere in der römischen Armee die Möglichkeiten in barbarischen Gemeinschaften weit überstiegen, liegt nahe. Durch den Kontakt zum Imperium stieg wohl auch das gesellschaftliche Gewicht barbarischer Krieger in ihren Gesellschaften, innere Spannungen wuchsen. Andererseits wanderten vermutlich lange Zeit die aktivsten und ehrgeizigsten jungen Männer aus. Welche Folgen diese doppelte Dynamik auf einzelne Gruppen hatte, war wohl unterschiedlich. Manches über den sozialen Wandel unter den Barbaren, worüber die Schriftquellen keine Auskunft geben, lässt sich anhand von archäologischen Fallstudien aussagen.

Aus den schriftlichen Quellen fassbar ist, dass seit dem späteren zweiten Jahrhundert schubweise kleinere und größere Gruppen ins Imperium aufbrachen. Dabei verschwamm zumindest für die Beteiligten oft die Grenze zwischen Ausweichen vor barbarischen Feinden, Suche nach einer Verhandlungslösung oder einem Bündnis mit Rom, Plünderungszug und Kampf ums Überleben auf Reichsboden. Die ersten Höhepunkte erreichte diese Bewegung mit den Markomannenkriegen der 160er- und 170er-Jahre sowie mit den Einfällen der Mitte des 3. Jh. Zugleich lässt sich eine Veränderung der barbarischen Verbände, oder zumindest ihrer Wahrnehmung durch Rom, beobachten. Die vielen kleineren regionalen *Gentes* der frühen Kaiserzeit geraten in Vergessenheit, größere, oft noch sehr lockere Einheiten, oft mit neuen Namen, erscheinen. Am Rhein sind das die Franken und Alemannen, dahinter Sachsen, Thüringer und Burgunder, nördlich der Karpaten Vandalen; im Osten dominieren gotische Verbände das Bild.

Diese Völker waren es auch, die in der Völkerwanderungszeit die Initiative übernahmen. Ihr Zusammenhalt sollte zunächst nicht überschätzt werden. Eine Diskussion, ob Franken und Alemannen vor der Wanderungszeit Stammesbünde oder Stammesverbände waren, verkennt die pauschale Bedeutung der neuen Großgruppenbezeichnungen ebenso

lichen »Völkerwanderung« gab es also einen nicht unbeträchtlichen Zustrom von Barbaren über die Reichsgrenzen, der aus den Bedürfnissen des römischen Zentrums mindestens ebenso zu erklären ist wie aus den Verhältnissen an der barbarischen Peripherie.

Die Anziehungskraft Roms musste die barbarischen Gesellschaften verändern, auch wenn darüber aus schriftlichen Quellen fast nichts zu erfahren ist. Die barbarischen Gemeinschaften, die jahrhundertelang in den Gebieten jenseits der Reichsgrenze bestanden hatten, waren zwar keineswegs alle tief greifend romanisiert worden. Dennoch wussten viele dort mehr oder weniger Bescheid über die Verhältnisse in römischen Provinzen und über das Funktionieren der römischen Macht. Dass ein alemannischer König des 4. Jh. Serapio hieß, weil sein Vater als Geisel in Gallien mit dem Serapions-Kult in Berührung gekommen war (Amm. Marc. XVI, 12, 25), mag eine Ausnahme gewesen sein, doch sicherlich brachten Heimkehrer oder Besucher in der Heimat römische Vorstellungen oder aktuelle Informationen mit. Man wusste

wie den dynamischen Charakter der Entwicklung. Vor der Schlacht bei *Argentoratum*/Straßburg 357 musste das Alamannenheer durch zahllose Einzelabmachungen zwischen alemannischen Kleinkönigen zusammengebracht werden. Manches deutet darauf hin, dass bei der Zuordnung zu Franken und Alemannen in den schriftlichen Quellen zunächst römische Klassifizierungen ausschlaggebend waren und sich die Namen erst langsam als Selbstbezeichnungen durchsetzten.

Die ältere Forschung hat den ethnischen, quasi angeborenen Zusammenhalt der Völker der Völkerwanderungszeit weit überschätzt. In Wirklichkeit handelte es sich um Völker im Werden, bei denen die Zugehörigkeit noch stark fluktuierte. Der Ostgotenkönig Theoderich verlor auf seinem Zug aus Pannonien durch die Balkanprovinzen zeitweise mehr als die Hälfte seines Volkes, gewann aber dann nach dessen Tod den Großteil der Gefolgschaft seines Rivalen Theoderich Strabo. Gemeinsames politisches Handeln eines ganzen Volkes war die Ausnahme, nicht die Regel. Die Goten des 5. Jh. waren auf viele voneinander unabhängige Gruppen aufgeteilt: Neben den Ostgoten unter hunnischer Herrschaft und danach in Pannonien und den Westgoten im *Regnum* von Toulouse waren darunter bäuerliche Kleingoten auf dem Balkan, die auf der Krim zurückgebliebenen Tetraxiten, und mehrere Gruppen in römischen Diensten. Und unter den Franken hat erst Chlodwig um 500 mit brutaler Gewalt ein einheitliches Königtum begründet.

Die barbarischen Invasoren des 3. Jh. waren zum Großteil nach ihren Plünderungszügen wieder heimgekehrt. Ab 375 wurde es die Regel, dass einmal eingewanderte Gruppen versuchten, auf Reichsboden zu bleiben und dazu ein Abkommen, *foedus*, mit den Römern zu schließen. Der politische ebenso wie der rechtliche und der administrative Rahmen solcher Ansiedlungen war aber umso prekärer, je mehr die Einwanderer ihre Geschlossenheit zu bewahren versuchten und eigene Führungsstrukturen entwickelten. Typisch bei West- wie Ostgoten, bei Vandalen oder Burgundern war der Wechsel zwischen Bündnis und Krieg, zwischen Drohgebärden und Verhandlungen, zwischen Kämpfen an Seite der Römer und Plünderungen römischer Provinzen. Im Ergebnis entstanden so, unter Ausnützung der römischen Infrastruktur, zunehmend autonome Machtzentren auf römischem Boden. Die Souveränität des Kaisers und des Imperiums wurde dabei lange Zeit nicht direkt in Frage gestellt, sondern nur die Kontrolle durch die regionalen militärischen und administrativen Autoritäten. Eine solche Strategie setzt bereits große Vertrautheit mit der Funktionsweise der römischen Militärbürokratie voraus. Die Überwindung oder Integration dieser barbarischen Heer-Völker auf Reichsgebiet gelang dem Kaiser des Ostens weit gehend, im Westen misslang sie jedoch, sodass letztlich die römisch-barbarischen Reiche der Goten, Vandalen, Burgunder und Franken das Kaisertum des Westens ablösten.

Diese Reichsgründungen gelangen freilich nur um den Preis schwerer Konflikte innerhalb und zwischen den verschiedenen Barbarenvölkern. Die meisten großen Entscheidungsschlachten der Völkerwanderungszeit wurden dementsprechend nicht zwischen Römern und Barbaren geschlagen, sondern zwischen verschiedenen römisch-barbarischen Allianzen oder zwischen barbarischen Rivalen. Das gilt etwa für den Bürgerkrieg zwischen Theodosius und Eugenius in der Schlacht am Frigidus 394, für die Hunnenschlacht auf den Katalaunischen Feldern 451, für den Kampf zwischen Westgoten und Franken bei Vouillé 508 oder für den Gotenkrieg Justinians, der von byzantinischer Seite fast nur mit barbarischen Kontingenten geführt wurde. Ein »Kampf der Zivilisationen« war die Völkerwanderungszeit nicht; zu sehr waren einander die Konkurrenten im Kampf um die Macht ähnlich geworden.

Für die Barbaren, die ihre Heimat verließen und in fremder (wenn auch nicht ganz unbekannter) Umgebung der römischen Provinzen ihren Platz suchten, muss damit eine Identitätskrise verbunden gewesen sein. Das gilt sowohl für Individuen als auch für Völker. Die Völker bewahrten zumeist ihren Namen, der sozusagen ihr symbolisches Kapital darstellte, ihr Prestige als Krieger und ihre Zugehörigkeit zu einem erfolgreichen Verband unterstrich. Dennoch bezeichnete der Name nun in römischer Umgebung etwas anderes: Goten waren nun diejenigen, die innerhalb einer römischen Verwaltung die *libertas Gothorum*, die gotische Freiheit, als Privileg genossen; sie lebten als Minderheit in römisch gebliebener Umgebung. Die Zusammensetzung der Völker änderte sich ebenfalls grundlegend, und dieser Prozess setzte sich während des Frühmittelalters fort, als die Mehrheit der Bevölkerung allmählich den Namen der neuen Herren annahm, während diese ihre Sprache und viele Bräuche aufgaben. Aber solche Brüche in der kulturellen Identität der Barbaren sind schon aus der Wanderungszeit bekannt. Der Wandel der westgermanischen Frauentracht, die Durchsetzung der Reihengräbersitte oder die Christianisierung sind nur einige Beispiele für die grundlegenden Veränderungen der kulturellen Ausdrucksformen, mit denen die Barbaren auf die neuen Verhältnisse reagierten.

Auch im Barbarenland kam es während der Völkerwanderungszeit zu tief greifenden Veränderungen. In vielen Gebieten, vor allem in der östlichen Germania, führten massive Abwanderungen zu starkem Bevölkerungsrückgang. Die Gebiete östlich des Rheins wurden hingegen intensiver als je zuvor in die spätantik-christliche Welt einbezogen. Chlodwig und seine Söhne waren die ersten Herrscher des römischen Gallien, die eine bleibende Vorherrschaft über weite Teile der Germania aufbauen konnten. Ihr Einflussgebiet wurde freilich von einer »neuen« barbarischen Peripherie stark beschränkt, wo sich das erstaunlich erfolgreiche, sozial wenig differenzierte slawische Kulturmodell

in weitem Raum durchsetzte. Auch dieser, der osteuropäische Aspekt der Völkerwanderungszeit sollte nicht, so wie das oft geschieht, vernachlässigt werden. Über Jahrhunderte blieben die Slawen (ebenso wie die Awaren und andere Steppenvölker) eine Alternative zur römisch-barbarisch-christlichen Kultur in den *Regna* des Westens, bis auch hier ein Ausgleich stattfand. In den Jahrhunderten der Umwandlung der römischen (und ebenso der barbarischen) Welt sind weniger die Wurzeln moderner nationaler Identitäten zu suchen, sondern eher die Ansätze zu einer politischen Landschaft, die (ganz anders als in der griechisch-römischen Antike) von Königreichen mit Anspruch auf ethnische Loyalitäten geprägt war. Wanderungsbewegungen hatten dazu beigetragen; doch ausschlaggebend waren die Wahrnehmungen und der politische Nutzen, der dann daraus gezogen wurde.

Der oströmische Kaiser Justinian versuchte das Römische Reich wieder herzustellen und zerstörte das italische Ostgotenreich und das nordafrikanische Vandalenreich. Auch in seinen Heeren dienten zu großen Teilen Barbaren. Im Presbyterium der Kirche San Vitale in Ravenna ist der Kaiser in einem prächtigen Mosaik verewigt. Am linken Bildrand sind die barbarischen Leibwächter des Kaisers zu sehen.

Die Hunnen

Die Hunnen, ein nomadisches Reitervolk aus den asiatischen Steppen, gelten als Auslöser für die Völkerwanderungszeit. Im Jahre 375 erschienen sie anscheinend vollkommen unerwartet und zerstörten das mächtige ostgotische Reich Ermanerichs im Raum der heutigen Ukraine. Ihre Wurzeln im Osten sind zwar bekannt, doch bleiben die Prozesse, die zum plötzlichen Auftauchen dieser schlagkräftigen reiternomadischen Verbände im Westen führten, weit gehend im Dunkeln. Zu den wenigen archäologischen Hinterlassenschaften der europäischen Hunnen ist durchaus vergleichbares Material aus den Weiten der eurasischen Steppen bekannt. Dort ist es allerdings häufig nicht mit der nötigen Präzision datierbar, schon gar nicht erlauben die zumeist kleinen Nekropolen Aussagen zur Zusammensetzung dieser Verbände. Erst kurz vor 370 scheinen sich aus einzelnen, eher unbedeutenden Gruppen erfolgreicher operierende Koalitionen gebildet zu haben, die bereits 376 bis in die Große Walachei vorstießen. Doch schon danach traten zumeist wieder einzelne Gruppen mit durchaus konträrer Zielsetzung auf. Erst eine Einigung der Stämme unter Uldin (400, Rua) und später unter Attila brachte das Römische Reich in Bedrängnis, zumal große Teile der germanischen Stämme in das hunnische Reich integriert werden konnten. D.Q.

Oben: Hunnische Kampfaktionen im römischen Auftrag zur Unterstützung des römischen Heermeisters Aëtius 425–439. Unten: Attilas Kriegszüge in den Jahren 447–452.

Die ersten Einfälle der Hunnen nach Europa in den Jahren 370–376 (blau), Einfälle in das römische Reich 395 (rot) und das Sassanidenreich im frühen 5. Jh. (orange).

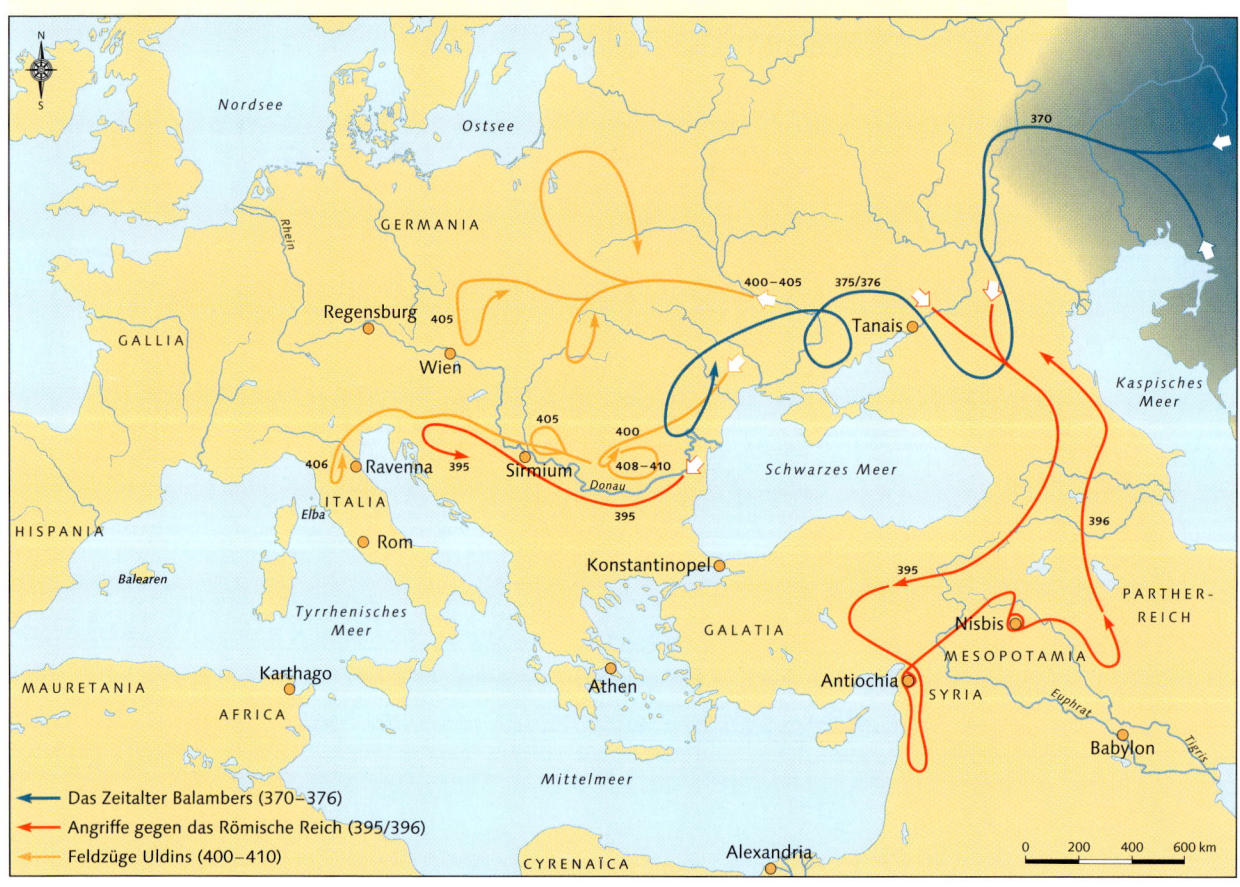

Nordsee · Ostsee · GERMANIA · Rhein · 370 · 400–405 · 375/376 · Tanais · Regensburg · 405 · Wien · GALLIA · Kaspisches Meer · 405 · 400 · Ravenna · 406 · 395 · Sirmium · 408–410 · Donau · Schwarzes Meer · 396 · ITALIA · Elba · 395 · HISPANIA · Rom · Konstantinopel · 395 · PARTHER-REICH · Balearen · Tyrrhenisches Meer · GALATIA · Nisbis · MESOPOTAMIA · Karthago · Athen · Antiochia · SYRIA · MAURETANIA · Euphrat · AFRICA · Babylon · Tigris · Mittelmeer · Alexandria · CYRENAÏCA

0 200 400 600 km

◄—— Das Zeitalter Balambers (370–376)
◄—— Angriffe gegen das Römische Reich (395/396)
◄—— Feldzüge Uldins (400–410)

Karte 1 (oben)

Nordsee

Ostsee

Rhein

428

Köln

427/428

428

Mainz

430–436

Worms

GALLIA

Regensburg

Wien

425/426

434

Toulouse

425

Arles

Ravenna

Sirmium

Donau

ITALIA

439

Elba

434

Rom

Schwarzes Meer

HISPANIA

Balearen

Konstantinopel

Tyrrhenisches Meer

SASSANIDEN

MESOPOTAMIA

Tanais

Kaspisches Meer

GALATIA

Antiochia

SYRIA

Tigris

Euphrat

MAURETANIA

Karthago

Athen

AFRICA

Babylon

Mittelmeer

→ Hunnische Unterstützung Aëtius (425–439)

0 200 400 600 km

CYRENAÏCA

Alexandria

Karte 2 (unten)

Nordsee

Ostsee

Rhein

GERMANIA

451

Mainz

Worms

451

GALLIA

Regensburg

451

Wien

452

452

Ravenna

Sirmium

Donau

440

ITALIA

Elba

447

452

Rom

Schwarzes Meer

Tanais

Kaspisches Meer

HISPANIA

447

Balearen

Konstantinopel

Tyrrhenisches Meer

PARTHER-REICH

GALATIA

MESOPOTAMIA

Antiochia

SYRIA

Tigris

Euphrat

MAURETANIA

Karthago

Athen

AFRICA

Babylon

Mittelmeer

→ Feldzüge Attilas (447–452)

0 200 400 600 km

CYRENAÏCA

Alexandria

Schnell – gefährlich – käuflich

von Michel Kazanski

In der zweiten Hälfte des 4. Jh. tauchten die Hunnen plötzlich in den östlichen Randgebieten Europas auf. Der Legende zufolge waren sie »in Europa« angekommen, nachdem sie die Meotis (das Azowsche Meer) überquert hatten, und zwar entweder über die Meerenge von Kerč oder über das Delta des Don. Die sich daran anschließenden, sich geradezu überschlagenden Ereignisse beschreibt uns Ammianus Marcellinus, ein römischer Autor des 4. Jh.: Die tanaïtischen Teilstämme der Alanen waren die ersten Völker, die von den Hunnen besiegt wurden. Deren westlichen Nachbarn, die von Ermanerich angeführten, gotischen Greutungen, wurden ebenfalls geschlagen. Danach griffen die Hunnen die von Athanarich geführten gotischen Terwingen westlich des Dnjestr an, worauf sich im Jahr 375 Scharen von überlebenden Terwingen, gefolgt von Truppen der Greutungen auf das römische Ufer der Donau retteten. Die Jahresangabe 375 ist bedeutend, denn aus ihr können wir folgern, dass die Hunnen kurz zuvor, wahrscheinlich um 370, die pontisch-kaukasischen Steppen durchquert haben müssen. Damit waren die Hunnen als – wie sich in den folgenden Jahrzehnten zeigen sollte – sehr aktive Akteure am Rand der römischen Welt erschienen.

Diese Verbände von Reiterkriegern beschreibt uns Ammianus Marcellinus als »klassische« Nomaden, die ihren Herden folgend, endlos durch die Steppe zogen. Der Krieg war neben der Viehzucht ein fester Bestandteil ihres Lebensunterhaltes. Doch darf man sich die Hunnen nicht als rastlose Nomaden mit unbestimmten Zielen vorstellen, denn das Nomadentum war und ist eine sehr gut organisierte traditionelle Lebensweise, die sich besonders in Zentralasien, in der Mongolei und in Kirgisien, von der Zeit der Skythen bis heute kaum verändert hat.

Am Ende des 4. Jh. besaßen die Hunnen weder ein Königtum noch Dynastien. Fanden sich die hunnischen Stämme und Sippen zu lockeren Verbänden zusammen, sicherten sich ihre Heerführer die Macht durch militärische Expeditionen. So geschah es auch, als sich an den nordöstlichen Randgebieten des Römischen Reiches genau in dieser Zeit ein großer hunnischer Verband zusammenzuschließen begann. Das Machtzentrum, von dem aus diese Scharen ihre Angriffe und Plünderungszüge durch den Kaukasus in Richtung Persien, Vorderasien und auf den Balkan führten, war zweifellos in den pontischen Steppen im Nordosten des Donaudeltas gelegen. Für diese Zeit, die Jahre 400–415, kennt man drei hunnische Anführer: Uldin, der die Hunnen an der unteren Donau anführte, Charaton, »Erster unter den hunnischen Königen«, und Donat, der Charaton untergeordnet gewesen zu sein scheint.

Seit dem frühen 5. Jh. expandierten die Hunnen auch ins Karpatenbecken und lösen auch dort eine Abwanderung ansässiger Bevölkerungsgruppen aus: Vandalen, Alanen und Sueben zogen Richtung Westen, über den Rhein und durch Gallien bis auf die Iberische Halbinsel. Auch die gotischen Gruppen unter der Führung von Radagais setzten sich nach Italien in Bewegung.

In der Zeit zwischen 420 und 430 gelang es dem hunnischen Fürsten Rua, die verbliebenen Barbaren Zentral- und Osteuropas in einer mächtigen Konföderation zu einen. Durch einen Vertrag mit dem römischen General Aëtius, wurde den von Rua geführten Hunnen 433 die römische Provinz *Pannonia prima* zugestanden. Nach dem Tod Ruas (434) ergriffen seine Neffen Attila und Bleda die

Der kleine Bronzeguss (L. 7,5 cm) aus der Inneren Mongolei in China gibt einen guten Eindruck vom Aussehen asiatischer, reiter nomadischer Krieger. Die Datierung der Figur ist unbekannt, dürfte aber ungefähr mit der ersten Hälfte des ersten nachchristlichen Jahrtausends zu beschreiben sein. Von den Hunnen selbst blieb keine zeitgenössische Darstellung erhalten.

Münzschatz aus Bíňa in der Slowakei mit 108 Goldmünzen. Die jüngste Münze wurde 443 geprägt. Es handelt sich bei den Münzen vermutlich um Teile römischer Zahlungen an die Hunnen und ihre Verbündeten.

Macht und führten seine Politik weiter. Mit Unterstützung hunnischer Truppen zerschlug der römische Feldherr Aëtius 436 das burgundische Königreich von Worms, bevor er über die Wisigothen von Toulouse herfiel. Nach der Ermordung Bledas im Jahr 447 wurde Attila Alleinherrscher und veranlasste die Hunnen zu einer Reihe von Kriegen gegen das Ost- und das Weströmische Reich. Das Römische Reich zahlte zeitweise jährlich 21 000 Pfund Gold an die Hunnen, um (sicherlich noch teurere) Kriege gegen die Reiterkrieger zu vermeiden.

Das enorme Ausmaß seiner Macht lassen indirekt die Schriftquellen erkennen, die die germanischen Stämme nennen, die 451 am gallischen Feldzug Attilas teilgenommen hatten: Er beherrschte die Ostgoten, Heruler, Skiren, Gepiden und die Rugier, d.h. die gesamte pontisch-danubische Region. Aus den Gebieten nördlich der mittleren Donau stießen Markomannen und Quaden sowie danubische Sueben zu den Hunnen. Selbst die Thüringer unterstanden der Befehlsgewalt Attilas. Die Burgunder und ein Teil der Franken schloss sich ebenfalls den Hunnen an, allerdings wahrscheinlich erst anlässlich des Feldzuges nach Gallien. Hinzu kamen schließlich noch die Barbaren der osteuropäischen Steppe, Akatziren, Alanen, vielleicht Bulgaren und der slawische Teilstamm der Anten aus den Waldsteppen der heutigen Ukraine. Es ist jedoch unwahrscheinlich, dass diese Völker im Westen kämpften.

Die Einfälle der Hunnen nach Gallien und in Italien in den Jahren 451–452 stellten den Höhepunkt ihrer Geschichte dar. Auch wenn diese Kriege sich im Endeffekt als Misserfolge herausstellen sollten, so hatte Attilas Hunnenreich doch einen geschichtlichen Wandel eingeleitet, der die komplette westliche Welt verändern sollte. Zwar lösten nach seinem Tod im Jahr 453 die Aufstände unterworfener germanischer Völker den Zerfall des »Hunnenreiches« aus, doch konnte dies die politischen und sozialen Veränderungen innerhalb und außerhalb des römischen Reiches nicht stoppen.

Attilas Hof

Priscus, einem byzantinischen Botschafter bei den Hunnen, verdanken wir eine wertvolle Beschreibung von Attilas Hof. Die Residenz des Hunnenkönigs befand sich im Norden der ungarischen Ebene, ihre genaue Lage ist aber unbekannt. Es war ein beeindruckender, befestigter Gebäudekomplex mit Palästen und Bädern aus prächtig verzierten Holzgebäuden. Priscus lässt uns wissen, dass die

alten hunnischen Königsgräber und der Versammlungsort der »königlichen« Hunnen an der Donau, gegenüber der römischen Stadt Margus (in der römischen Provinz *Pannonia Prima*) lagen.

Um den großen König Attila hatte sich eine ausgeprägte Hierarchie herausgebildet. Neben den unterschiedlichen Würdenträgern war auch die Gruppe römischer Sekretäre des Hunnenkönigs von großem Einfluss.

Im Jahre 395 machten sich die Hunnen im Osten durch ihr Eindringen in Vorderasien und Syrien über die kaukasischen Pässe bemerkbar. Mehrere Autoren, von der Grausamkeit der Hunnen schockiert, erwähnen diese Ereignisse entsetzt. Phislostorgius zufolge handelte es sich bei diesen Hunnen um die östlichen Verwandten der Hunnen, die die danubischen Provinzen des Reiches angegriffen hatten.

Auf dem Rückweg, der die Hunnen und zahlreiche Gefangene erneut über den Kaukasus führte, kamen sie an einem Ort am Meer vorbei, wo das Feuer aus einem Felsen unter dem Wasser herausschlug. In dieser Beschreibung erkennen die Historiker die Erdölvorkommen der Halbinsel von Apscheron, in der Nähe des heutigen Baku. Demnach sind die Hunnen über Derbent, am Ufer des Kaspischen Meeres, zurückgekommen.

Um 440 mischten sich die Hunnen in den Krieg zwischen Armeniern und Sassaniden ein. Angeführt von Cheran metzelten sie die persischen Truppen im kaukasischen Albanien nieder und tauchten, nachdem sie Armenien durchquert hatten, an der Ostgrenze des Römischen Reiches auf. Im Jahr 451 entbrannte die Revolte gegen die Sassaniden erneut. Der Anführer der Armenier, Vardan Mamikonian, Armenier gegen die Sassaniden an und rief die Hunnen gegen die Perser zur Hilfe. Doch der armenische Feldherr Vassak verriet sein Volk und besetzte die Meerenge von Tschora (Derbent) am Kaspischen Meer und trennte so die Hunnen von den Armeniern. Dennoch gelang es den Hunnen, die sassanidischen Festungen im kaukasischen Nordalbanien zu zerstören.

Alles in allem wirken die Hunnen also geradezu omnipräsent in der Alten Welt des späten 4. und 5. Jh. Archäologisch haben diese reiternomadischen Verbände dennoch nur wenige Spuren hinterlassen, die dafür aber über enorm weite Strecken, von Zentralasien bis nach Mitteleuropa, streuen.

Da dauerhafte Siedlungen bei nomadischen Stämmen naturgemäß fehlen, ist die Kultur der Hunnen vor allem durch Grabfunde bekannt. Es handelt sich zumeist um isolierte Gräber und kleine, in der Steppe verstreute Grabgruppen. Es gibt durch Kurgane (Grabhügel) überhügelte Brand- und Körperbestattungen sowie Flachgräber. Nur selten waren die Gräber in kleinen Friedhöfen zusammengefasst, wie in Novogrigor'evka in der Ukraine (neun Tumuli), Beljaus auf der Krim (zwei Gräber) oder Mertvye Soli im Ural (zwei Tumuli). Wahrscheinlich entsprachen diese Nekropolen den Winterlagern der Nomaden.

Brandbestattungen stellten in den russischen Steppen und in der Ukraine ein neues, sichtlich von den Hunnen eingeführtes Element dar. Aus hunnischer Zeit wurden Nachweise an der Wolga und im Ural freigelegt. Dabei handelte es sich um große Scheiterhaufen, die Gegenstände mit Brandspuren enthielten, Keramikscherben sowie Tierknochen, insbesondere Pferde-, Ziegen- und Schafknochen. Ob diese großen Scheiterhaufen tatsächlich die eigentlichen Gräber waren, oder eher Gedenkstätten, die mit bestimmten Grabsitten in Zusammenhang standen, ist noch unklar. In Novogrigor'evka in der Ukraine wurde die Asche der andernorts durchgeführten Verbrennung in einem Flachgrab in einer Grube unter einem Steinpflaster niedergelegt. Über dem Pflaster hatte man Tierknochen und Keramikscherben deponiert, wahrscheinlich die Reste des Totenmahls. In Novofilippovka, im Becken der Moločnaja, war der Tote am Fuße eines Tumulus verbrannt worden; der Grabhügel selbst konnte jedoch nicht erforscht werden.

Während die Toten östlich des Dnjepr vorwiegend unter Tumuli bestattet wurden, kennt man aus dem Gebiet westlich davon bis heute keine Kurgane. Denn im Norden des Schwarzen Meeres, im nördlichen Kaukasus, an der Wolga, im Gebiet der unteren und mittleren Donau, und im Ural wurden die Toten ausschließlich in Flachgräbern beigesetzt. Auf der Krim zeigt sich eine Besonderheit im hunnischen Bestattungsbrauch. Dort wurden antike Gräber wiederbenutzt, beispielsweise in Marfovka, Beljaus und Ust'-Alma. Vielleicht ging diese Bestattungsart auf die Sitte zurück, die Toten in natürlichen Grotten niederzulegen. So ist beispielsweise aus dem in der Nähe von Orenburg gelegenen Kyzyl-Adyr, im südlichen Uralgebiet, eine solche Höhlenbestattung der Hunnenzeit bekannt. Es ist bemerkenswert, dass die Wiederbenutzung älterer Bauten im 4. Jh. auch bei den Nomaden Zentralasiens beobachtet werden konnte, beispielsweise in Aktöbe.

Oft lagen neben den Toten Pferdeknochen. Komplette Pferdeskelette sind im Ural und im Nordkaukasus freigelegt worden. Auf der Krim und an der Wolga hingegen wurden nur die Felle der Pferde in die Gräber gelegt. Dies erkennt man daran, dass sich nur Schädel und Extremitätenknochen erhalten haben. Diese Sitte ist auch bei den Nomaden weiter östlich in Kasachstan bekannt, wo sie allgemein den türkischen Volksgruppen zugeschrieben wird.

Totenopfer

Eine Besonderheit im archäologischen Quellenmaterial der asiatischen Reiternomaden stellen die sog. Totenopfer dar. Bedingt durch die hunnische Westexpansion finden sie sich aber auch im Donaubecken. Es handelt sich um Waffen, Gürtel mit Beschlägen aus getriebenem Goldblech, prachtvolles Zaumzeug und Sattelapplikationen, die offensichtlich nicht in die Gräber gelegt, sondern in

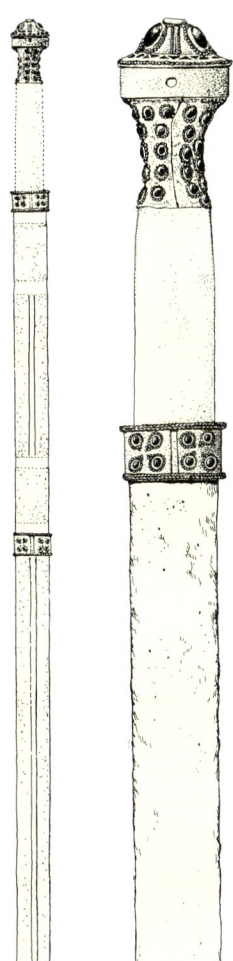

Weit im Osten gelegen in Ugozvonovo, am Čaryš, einem Nebenfluss des Ob' in Sibirien, wurde 1959 ein reiches reiternomadisches Grab entdeckt. Ein langes Schwert diente als Bewaffnung. Schnallen und Schmuck aus Goldblech waren mit Halbedelsteinen verziert.

Künstliche Schädeldeformation

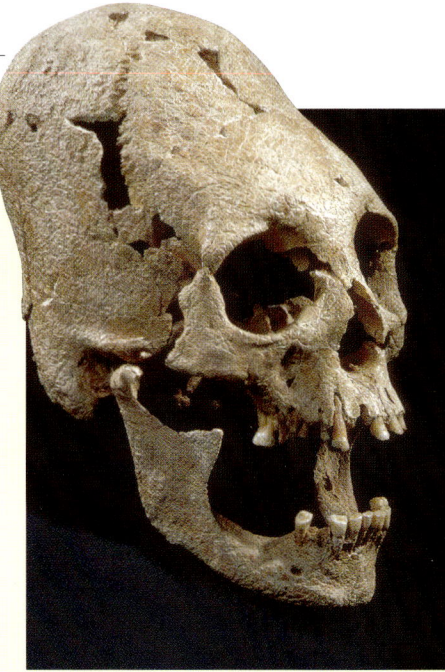

Manipulationen am eigenen Körper (z.B. Piercing, Tätowierung) sind bis heute ein für jedermann leicht zugängliches Mittel um sich von anderen Individuen oder von einer Gemeinschaft abzuheben. Körperbemalung und das Tragen losen Schmucks zählen dabei sicherlich zu den einfachsten Mitteln. Die Gestaltveränderung des Kopfes verlangt dagegen in ihrer Durchführung aufwändigere Maßnahmen, mit denen unmittelbar nach der Geburt begonnen wird.

Dessen ungeachtet sind künstliche Schädeldeformationen universell. Sie lassen sich auf allen Kontinenten und vom Paläolithikum bis in unsere heutige Zeit immer wieder nachweisen.

Um die gewünschte Änderung der natürlichen Wuchsform, in den meisten Fällen eine Streckung und/oder Erhöhung des Hirnschädels, zu realisieren, bedient man sich im Wesentlichen zweier Techniken: Zum einen werden Bandagen um den Kopf gebunden, durch die eine konische oder zylindrische Form erreicht wird (zirkumferente Deformation). Dies kann mit gleichmäßiger oder mit überkreuzter Umwicklung geschehen. Kennzeichnend für die letzte Variante ist der so genannte Koronalwulst, der durch eine unterbrochene Bindeführung auf der oberen Stirn gebildet wird. Zum anderen werden Platten oder Plattenkonstruktionen auf Stirn und/oder Hinterhaupt fixiert, sodass eine abgeflachte, breite Form entsteht (frontookzipitale Deformation). Man unterscheidet hier zwischen einer senkrechten und einer schrägen Variante.

Neben diesen dauerhaften Maßnahmen wird auch rein manuell mittels Massage und regelmäßigem Drücken versucht auf die Gestalt des Kopfes Einfluss zu nehmen. Ziel ist es dabei, einen schön gerundeten Kopf zu erhalten.

Im Grunde verbietet sich aber eine strikte Kategorisierung, da die Übergänge zwischen den Techniken oft fließend und recht individuell gestaltet sind. Zudem nimmt die genetisch bestimmte Wuchsform des Schädels Einfluss auf dessen endgültige Form und erweitert somit die Formenvielfalt.

Oft gestaltet es sich als schwieriges Unterfangen, die ursprüngliche Motivation lang tradierter Bräuche zu ergründen. Der eigentliche Sinn und Zweck einer Sitte wird nach mehreren Generationen von sekundären Erklärungen und Deutungsversuchen überlagert. Diese Interpretationen beschreiben in erster Linie die Nützlichkeit einer Handlung. Aus ethnologischen Untersuchungen sind Begründungen, wie z.B. physische Stärkung/Gesundheit, charakterliche Festigkeit, Erhöhung der Intelligenz oder auch nur das Erreichen eines bestimmten Schönheitsideals, bekannt. Als grundlegendes Motiv kristallisiert sich jedoch das eingangs erwähnte Bedürfnis nach Differenzierung heraus. Die offensichtliche körperliche Andersartigkeit und somit die Abhebung von der Gemeinschaft wird im Laufe der Zeit vom Betrachter wie auch vom Träger selber als Symbol geistiger Überlegenheit begriffen. Ein übergeordneter Sinngehalt, wie er im Allgemeinen Schmuck zugeschrieben wird, lässt sich nur schwer nachweisen. Aus Südamerika und Ozeanien ist bekannt, dass die runde Kopfform Bezug auf den Mond und im übertragenen Sinne auf das Himmlische nimmt.

Künstlich deformierter Schädel aus Dully (Kt. Waad) aus der zweiten Hälfte des 5. Jh.

Letztendlich fungiert die Veränderung der Kopfform je nach Kontext als ethnisches, soziales oder individuelles Unterscheidungsmerkmal, wobei ein magisch-religiöser Symbolwert nicht auszuschließen ist.

Seit dem 5. Jh. v. Chr. lassen sich Schädeldeformationen in Zentralasien nachweisen. Der Ursprung für die in Mitteleuropa vorkommenden deformierten Schädel der Völkerwanderungszeit wird im heutigen südlichen Kasachstan vermutet. Von hieraus lässt sich seit dem 1. Jh. n. Chr. eine Ausbreitung nach Westen feststellen, die in Zusammenhang mit dem Vordringen der allgemein als Hunnen bezeichneten, steppennomadischen Völker steht.

Nach heutigem Forschungsstand ist der Anteil Bestatteter mit künstlich veränderter Schädelform von Gräberfeld zu Gräberfeld

deren Nachbarschaft deponiert wurden. Überaus prächtige Totenopfer sind aus zwei Orten im heutigen Ungarn bekannt, nämlich aus Szeged-Nagyszékós und Pannonhalma.

Ein besonderes Schönheitsideal verbreitete sich im hunnischen Reich sehr schnell. Säuglingen wurde der Kopf bandagiert, um das Wachstum des Schädels zu beeinflussen und ihn in eine lang gestreckte Form zu bringen (vgl. Beitrag Uldin). Zwar

tauchte diese Sitte bei den alanisch-sarmatischen Völkern bereits zu Beginn unserer Zeitrechnung auf, doch erst die Ausdehnung des hunnischen Herrschaftsbereiches führte zu einer weiten Verbreitung der künstlichen Schädeldeformation. Von den unterworfenen germanischen Stämmen wurde diese Sitte übernommen, allerdings nur bis zur Zerschlagung des Attila-Reiches im Jahre 453. Anhand anthropologischer und archäologischer Unverschieden. In der Tendenz nimmt er von Osten nach Westen hin ab.

Von Zentralasien bis in die donauländischen Gebiete kommen Gräberfelder mit einem hohen Anteil (z.T. bis 80%) deformierter Schädel vor. Unter diesen Individuen sind Frauen und Männer in einem mehr oder weniger ausgeglichenen Verhältnis zu finden. Zudem sind auch Kinderbestattungen aller Altersstufen vertreten.

In den Bereichen Mittel-, Süd- und Südwestdeutschlands sowie in der Rhônegruppe (Bereich Genfer See bis Rhônetal) ist der Anteil der Individuen, die Träger dieser Sitte sind, wesentlich geringer. Oft sind es weniger als fünf, vorwiegend weibliche Bestattete, während Kinder bisher nicht nachgewiesen wurden.

Diese unterschiedlichen Anteile werden im Bereich der westlichen Ausbreitung einerseits als Hinweis auf das Einheiraten von Frauen aus fremden Gemeinschaften gesehen. Andererseits könnte es sich auch um Gefangene, Flüchtlinge oder andere Zuwanderer handeln. Im Falle der Rhônegruppe besteht anscheinend ein Zusammenhang zwischen dem Aufkommen der Sitte und der Umsiedlung der Burgunder vom Rhein an den Genfer See.

Interessanterweise konnte im europäischen Raum archäologisch wie anthropologisch keine Einheit festgestellt werden. Man muss wohl davon ausgehen, dass zum einen im Zuge der Völkerwanderungen nach Westen Träger dieser Sitte als (Teil-)Population oder als einzelne Individuen in neue Gebiete bzw. Gemeinschaften gelangten. Zum anderen diffundierte die Sitte im kleinregionalen Kontext und setzte sich vor Ort mehr oder weniger stark durch.

Mit dem Zerfall des Attila-Reiches (Mitte des 5. Jh. n. Chr.) geht auch der Impuls verloren, der Individuen dazu bewog, die Gestalt des Kopfes zu verändern. Die Praxis der Schädeldeformation wird in Europa aufgegeben. Tatsächlich versuchen auch heute noch Eltern Einfluss auf die Kopfform ihrer Kleinkinder zu nehmen. Dabei handelt es sich in den meisten Fällen um Maßnahmen, die der Korrektur von Wachstumsstörungen des Schädels dienen. Hierzu setzt man innerhalb der ersten zwei Lebensjahre medizinische Bandagen oder Helme ein.

US-amerikanische Anthropologen konnten in einer kulturübergreifenden Studie zur traditionellen Praxis der Kinderfürsorge Ende der 1990er-Jahre jedoch dokumentieren, dass der Brauch, die Kopfgestalt des eigenen Kindes zu manipulieren, immer noch besteht. Angehörige verschiedener Ethnien gaben an, dass bei der Geburt des ersten Kindes ältere Frauen die junge Mutter in den nötigen Methoden unterweisen. Während des ersten Lebensjahrs finden einmal täglich entsprechende »Massagen« statt oder der Kopf wird jeden Tag neu bandagiert. Die Eltern gaben häufig als Motivation die Erhöhung von Schönheit, Gesundheit und Intelligenz des eigenen Kindes an.

In ihrer Ausprägung erreichen diese Veränderungen aber nicht im Mindesten die extremen Formen der Schädeldeformation, wie sie aus prähistorischem oder ethnologischem Kontext bekannt sind.

T. U.

Kleinkind mit bandagiertem Kopf zum Zweck der Schädeldeformation, Liebliche Inseln, Melanesien. Aufnahme der Hamburgischen Südsee-Expedition des Jahres 1908.

tersuchungen lässt sich das gut nachweisen, denn um 500 wurden die letzten Individuen mit künstlich deformiertem Schädel bestattet. Anhand ihrer Altersbestimmung lässt sich der Zeitpunkt der Bandagierung im Säuglingsalter gut errechnen.

Die materielle Kultur der Hunnen zeichnet sich durch zahlreiche polychrome Schmuckstücke, wie Diademe, sternförmigen oder zoomorphen Schläfenschmuck und Gürtelbeschläge aus. Man unterscheidet zwei Typen von polychromen Objekten: solche mit und solche ohne reiche Granulation. Schmuckstücke mit Granulation findet man praktisch nur östlich des Dnjepr – der Fund von Balteni in Rumänien und der Ankauf von Gegenständen aus Varna in Bulgarien sind Ausnahmen. Man trifft diesen Stil ebenfalls in Zentralasien an, wo auch sein Ursprung zu suchen sein dürfte. Doch gibt es für einige der mit Granulation verzierten Schmuck-

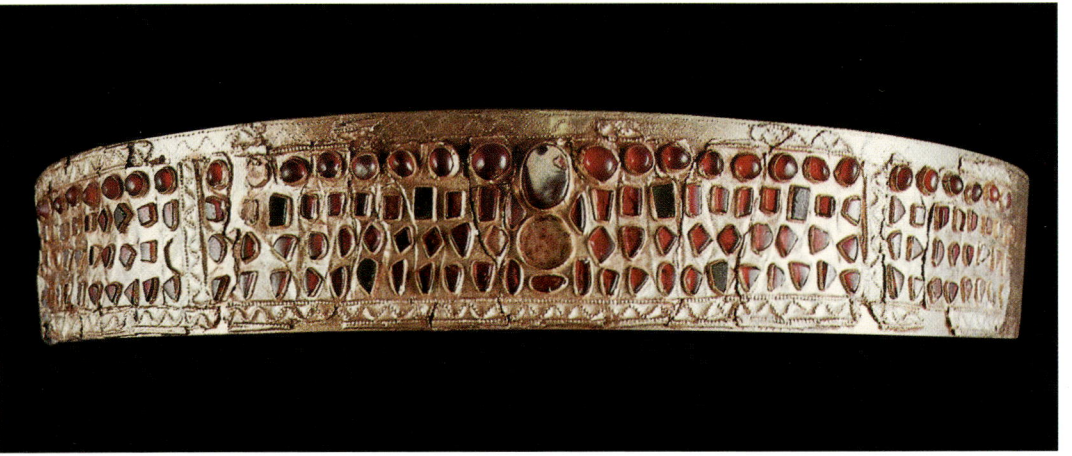

Mit (Halb-)Edelsteinen verzierte Diademe sind typisch für reiternomadische Frauengräber der Hunnenzeit. Die bislang bekannten 20 Exemplare sind zwischen Donauknie und Ural verbreitet. Das abgebildete Diadem stammt aus einem 1887 im ungarischen Csorna entdeckten Grab.

stücke Parallelen im Osten des griechisch-römischen Kulturkreises. So findet man für die großen sternförmigen Schläfenanhänger in römischer Zeit Prototypen im syrischen Raum (Al-Al, Palmyra). Die polychromen Schmuckstücke ohne Granulation waren in den Steppen weit verbreitet, westlich des Dnjepr überwogen sie. Es ist auffallend, wie unterschiedlich die Geschmeide der Frauen westlich und östlich des Dnjepr waren. Im westlichen Teil der hunnischen Welt beschränkten sich diese polychromen Geschmeide auf Diademe (ohne Granulation). Im Osten dagegen waren die Diademe oft mit Schläfenschmuck und Pektoralen kombiniert, allerdings sind auch Bestattungen nur mit Diadem bekannt.

Charakteristisch für die Hunnen sind auch große Bronzekessel, die eindeutig asiatischen Ursprungs sind. Man unterscheidet zwei Typen, einen mit rechteckigen Henkeln, der im Wolgagebiet verbreitet ist, doch ebenfalls nördlich des Schwarzen Meeres und in Schlesien vorkommt. Die Henkel des anderen Typs weisen einen pilzförmigen Dekor auf und sind charakteristisch für Ungarn, die untere Donau und die pontisch-kaukasischen Steppen, man findet sie aber auch sehr weit östlich, bis nach China.

Die Beziehungen der europäischen Hunnen zum asiatischen Raum zeigen sich besonders deutlich bei den mit Goldblech verkleideten Pferde- bzw. Eselfiguren. Vorbilder finden sich schon in den Gräbern der Hsiung-nu im mongolischen Noin-Ula. In hunnischer Zeit sind sie von Zentralkasachstan (Kysyl-Kajnar-Tobe) über die Dnjepr-Gegend (Novogrigor'evka) und die Krim (Beljaus) bis nach Westungarn (Árpás) verbreitet. Ihre Bedeutung ist nicht ganz klar. Stehen sie stellvertretend für ein Pferdeopfer?

Hunnische Kriegergräber: Waffen …

Die hunnischen Kriegergräber zeichnen sich durch Waffenbeigaben aus. Typisch sind zweischneidige Schwerter mit langer, spitzer Klinge. »Asiatische« Schwerter mit Parierstange aus massivem Eisen waren bereits in römischer Zeit in Zentralasien und bei den Alanen der Steppen Südrusslands östlich des Don anzutreffen. Üblich waren aber auch Waffen aus persischen Werkstätten. Das Schwert von der Sovchoze Kalinina, auf der Krim, gehört der Ausführung des Griffes nach zu urteilen zu einem solchen sassanidischen Typus. Diese Schwerter verbreiteten sich im 4. und 5. Jh. bei den Völkern der Krim, im Ural, in Transkaukasien und südsibirischen Tugozvonovo. Andererseits habe ich bereits auf die Prunkschwerter römisch-byzantinischen Ursprungs hingewiesen. Manche von ihnen hatten Futterale aus Goldblech.

Typische Waffen der Steppennomaden waren allerdings Pfeil und Bogen. Die aus unterschiedlichen Materialien zusammengesetzten Kompositbögen hatten eine große Durchschlagskraft und waren aufgrund ihrer eher geringen Größe für das Schießen vom Pferd bestens geeignet. Zu solchen Bögen gehörige Verstärkungen aus Bein sind in mehreren Gräbern freigelegt worden. Beschläge aus Goldblech, die – so wird angenommen – ebenfalls zu Bögen gehörten, wurden in fürstlichen Gräbern entdeckt. Bei den Pfeilspitzen herrscht ein dreiflügeliger Typ vor. Treffer mit derartigen Pfeilen

Der bislang größte hunnische Kupferkessel wurde 1869 im Komitat Pest, in Törtel (Ungarn) entdeckt. Er ist 89 cm hoch und wiegt 41 kg.

brachten den Feinden und ihren Pferden größtmögliche Verletzungen bei und hatten einen schnellen Blutverlust zur Folge. Es überrascht, dass man in den hunnischen Gräbern noch keine Pfeile aus Knochen gefunden hat, die Ammianus Marcellinus doch ausdrücklich für die Hunnen erwähnt. Allerdings bestätigen Entdeckungen in den Zerstörungsschichten einiger Städte am kimmerischen Bosporus ihre Existenz. Ähnliche Pfeile waren in Zentralasien weit verbreitet.

... und Reitzubehör

Die hunnischen Gräber haben auch Sattelbeschläge geliefert. Es handelt sich um dreieckige und halbmondförmige Beschläge aus Goldblech, die zumeist mit einem gepunzten Schuppenmuster verziert waren. Diese Entdeckungen zeugen von der Existenz fester Holzsättel bei den Hunnen, die auch Jordanes erwähnt. Angeblich hatte Attila 451 bei der Schlacht auf den Katalaunischen Feldern, als sich das tragische Ende für die Hunnen abzeichnete, sich entschieden Selbstmord zu begehen, und einen Scheiterhaufen aus hunnischen Sätteln errichten lassen.

Das Zaumzeug der Hunnen war ebenfalls sehr prächtig. Von den Ledergurten haben sich zahlrei-

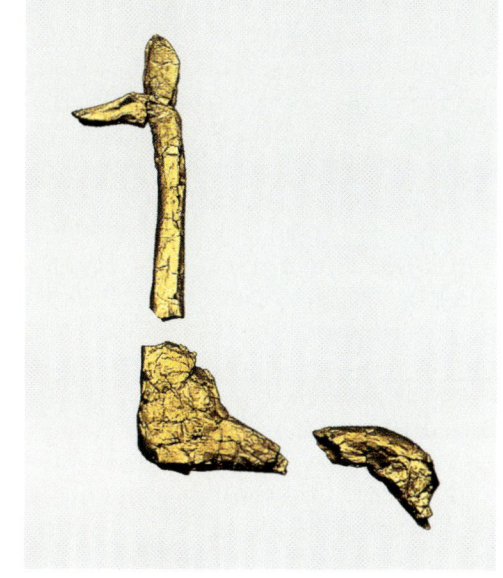

che Goldblechbeschläge, teilweise auch mit Steineinlagen erhalten. Einige Pressbleche zeigen Darstellungen von Menschenköpfen. Auch die Trensenknebel waren bei einigen Exemplaren mit Goldblech verkleidet.

Allgemein sind die Gräber der privilegierten Schicht bei den Nomaden der hunnischen Epoche nur schwer zu erkennen, denn ein an sich nicht sehr wertvoller, bunter Schmuckstil mit Goldplattierung war damals weit verbreitet. In den reiternomadischen Gräbern trifft man Geschmeide und Kleidungszubehör, Waffen, Zaumzeug, Metallkessel, Keramik und Glas an. Die hunnische Aristokratie ist am hohen Anteil goldener Grabbeigaben

...it Goldblech überzogene ...erfiguren (Bild oben) sind ...pische Beigaben im hun...schen Machtbereich und ...ssen deutliche Bezüge ...m eurasischen Steppen...reich erkennen. Eines der ...stlichsten Exemplare ...ammt aus einem Krieger...ab des letzten Drittels ...s 4. Jh., das in Árpás na... dem heutigen Györ in ...ner römischen Ruine an...legt wurde. (Bild unten)

erkennbar: Prunkschwerter, mit Goldblech beschlagene Sättel, Goldgeschmeide (Halsringe, Schläfenschmuck usw.) sowie mit Goldblech und Edelsteinen verzierten Diademen. Diese fast überall in der hunnischen Steppe nachgewiesenen privilegierten Gräber und Opfergaben entsprachen einer örtlichen »Aristokratie«, Stammes- und Sippenoberhäuptern oder führenden Kriegern und ihren Familien. Die reichen Gräber enthalten nur selten römisches Luxusgeschirr. Dagegen sind goldene, cloisonnierte Gegenstände aus Werkstätten des Mittelmeerraumes, insbesondere Gürtelbeschläge, keine Seltenheit in Kriegergräbern. Man findet auch mit cloisonnierten Beschlägen verzierte Prunkschwerter mediterranen Ursprungs (Pannonhalma, Pokrovsk-Voshod). Zahlreiche Männer- und Frauengräber, in denen offenbar reiche, doch nicht zur Aristokratie gehörige Verstorbene bestattet waren, haben Gegenstände aus Bronze oder Silber geliefert, die oft vergoldet und mit Edelsteinen besetzt waren.

Verschmelzung asiatischer und europäischer Einflüsse

Fasst man die Ergebnisse der archäologischen Forschungen zusammen, so zeigt sich sehr deutlich, dass die Steppenkultur der hunnischen Epoche das Ergebnis einer Vermischung von einheimischem Substrat und Elementen aus Zentralasien ist. Form und Dekor der Kessel, Pfeilspitzentypen, Tierfiguren aus Goldblech und der sternförmige Schläfenschmuck haben keine Vorgänger in Osteuropa und wurden sehr wahrscheinlich von den Hunnen aus Zentralasien mitgebracht. Der Beitrag der einheimisch alanisch-sarmatischen Kultur zeigt sich in der Verbreitung von Diademen, Schwertern mit eiserner Parierstange, Metallspiegeln und kleinen, geometrischen Kleidungsanhängern aus Gold (»Goldflitter«).

Trotz dieser Verschmelzung sind im archäologischen Material der westlichen und östlichen Steppen deutliche Unterschiede erkennbar. In der westlichen Zone, die das Karpatenbecken, die untere Donau und die pontischen Steppen bis zum Dnjepr umfasst, herrschten Züge vor, die man vereinzelt in der gesamten hunnischen Welt bis zum Ural antraf: Die Toten wurden in Flachgräbern bestattet, die Körper waren in Nord-Süd-Richtung beigesetzt, die Goldschmiede arbeiteten im polychromen Stil, aber ohne Granulation, und die Frauentracht mit Diadem zeichnete sich durch das Fehlen von Schläfenschmuck und Pektoralen aus. Im Gegensatz dazu wurde im Osten des Dnjepr die Leichenverbrennung praktiziert. Die Gräber lagen unter Tumuli, in Grotten oder in wiederverwendeten antiken Grabstätten, die Toten waren in Holzsärgen mit dem Kopf nach Westen oder Osten

Seite 36/37: Funde aus der hunnenzeitlichen Grab von Budapest-Zugló aus dem zweiten Drittel des 5. Jh.

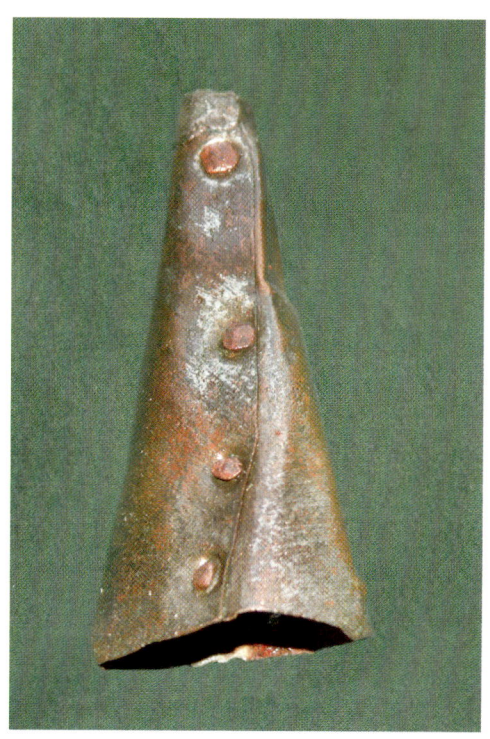

beigesetzt. Es war üblich, den Verstorbenen Fleisch von Ziegen- oder Schafen mitzugeben. Die Goldschmiede beherrschten den polychromen Stil und die Granulation, die Frauentracht zeichnete sich durch Diademe, Schläfenschmuck und Pektorale aus.

Es ist wahrscheinlich, dass die Gruppen aus den Gebieten westlich des Dnjepr der Moločnaja und aus einigen Nachbargebieten zu den von Marcian erwähnten »europäischen« Hunnen gehörten. Westlich davon kamen sowohl die Priscus erwähnten »königlichen« Hunnen als auch die Almidzurer/Alpidzurer. Dagegen siedelten in den Gebieten östlich des Don und der Krim andere hunnische und nicht-hunnische Nomadenstämme wie beispielsweise Akatziren und Hailandurken.

Archäologische Spuren hunnischer Heiratspolitik?

Besonders interessant sind einige Gräber aus der Steppe, die Gegenstände der fürstlichen Frauentracht ostgermanischer Stämme enthielten. In Sinjavka, an der Mündung des Don, fanden sich große Fibeln aus Silberblech mit halbkreisförmigem Kopf und rautenförmigem Fibelfuß. Ein Tu-

mulus aus Poršino-Kruglica in Zentralrussland in der Gegend des Orel (Becken der oberen Oka) enthielt wahrscheinlich das Doppelgrab eines Kriegers und einer Frau. Der Mann war der orientalischen, vielleicht alanischen oder hunnischen Sitte gemäß mit seinem Schwert bestattet, das aufgrund seiner breiten massivem Parierstange aus Eisen dem »asiatischen Typ« angehört. Die Frau hingegen trug eine prachtvolle germanische Tracht mit einem Paar germanischer Fibeln, deren Parallelen in Untersiebenbrunn (Niederösterreich), Rabapordany (Ungarn), Airan (Normandie) oder Simleul-Silvaniei/Szylagysomlio (Siebenbürgen) zu finden sind.

Wahrscheinlich handelte es sich bei den Frauen aus Sinjavka und Poršino-Kruglica um Damen aus germanischen Fürstengeschlechtern, die aus heiratspolitischen Gründen in die hunnische Steppe gekommen waren. Durch solche Ehen wurden die engen Beziehungen führender hunnischer und germanischer Familien besiegelt. Die *Edda* beschreibt beispielsweise die Hochzeit des hunnischen Königs »Attli« (Attila) mit der burgundischen Prinzessin Gudrun, und auch die Erwähnung Cassiodors über die Vermählung des hunnischen Fürsten Balamber mit der gotischen Prinzessin Vadamerka gehört in diesen Zusammenhang.

Goten und Gepiden

Veränderungen im innergermanischen Raum hatten anscheinend bereits im 3. Jh. zur Bildung einiger großer Stämme geführt, von denen die Goten in direkter Nachbarschaft der östlichen Teile des Römischen Reiches siedelten. Waren räuberische, gotische Seezüge im 3. Jh. zwar unangenehme, doch temporäre Erscheinungen, so brachte das späte 4. Jh. einen grundlegenden Wandel. Auf der Flucht vor den Hunnen versuchten unterlegene gotische Gruppen im Römischen Reichsgebiet dauerhafte Aufnahme zu finden. Zwar wurden sie – durch Verträge gebunden – südlich der Donau angesiedelt, doch führten ausbleibende Lieferungen seitens der Römer und Vertragsbrüche seitens der Goten zu Plünderungen und schließlich 378 zur Schlacht bei Adrianopel. Die Ausweitung des hunnischen Machtbereiches und häufig wechselnde Allianzen machten in den folgenden Jahrzehnten die Gebiete beiderseits der unteren und mittleren Donau zu den Brennpunkten der Ereignisgeschichte. Nach dem Verfall des hunnischen Reiches, 454 n. Chr., konnten vor allem Gepiden und gotische Gruppen ihre Vormachtstellung nördlich der Reichsgrenze, aber auch innerhalb des Reiches selbst erfolgreich ausbauen.

Reiche Grab- und Schatzfunde belegen eindrucksvoll den Wohlstand der barbarischen Eliten, der aus Beute und jährlichen Zahlungen Roms gespeist wurde.   D. Q.

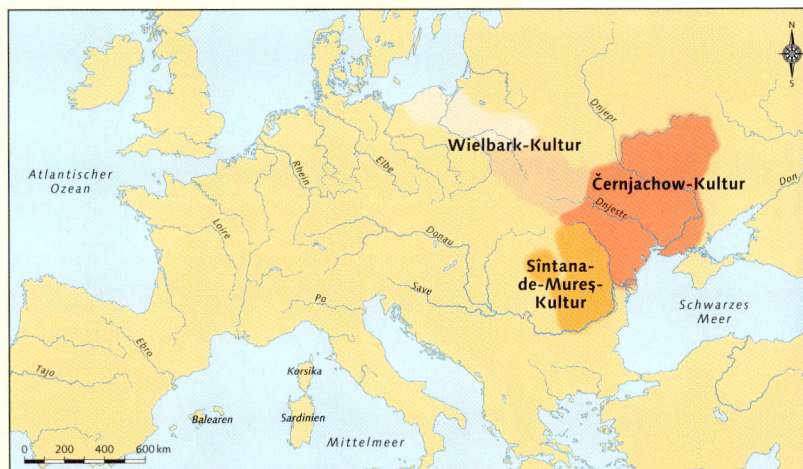

Oben: Verlagerung des gotischen Siedlungsraume vom 1. bis 4. Jh. n. Chr.

Unten: Die Züge der West goten im späten 4. und 5. Jh.

Im Brennpunkt des Geschehens: Germanische Völker an der Donau

VON MICHAEL SCHMAUDER

Kein anderer Raum wurde derart zum Schauplatz völkerwanderungszeitlicher Geschehnisse wie die Gebiete beiderseits der mittleren und unteren Donau. Hier machten sich erstmals die erheblichen innergermanischen Umformungsprozesse bemerkbar, die im Laufe des 2. und 3. Jh. zur Herausbildung weniger großer Völker geführt hatten, und hier waren die ersten massiven Auswirkungen der beginnenden Völkerwanderungszeit zu spüren. Wesentlichen Anteil hatten hieran die gotischen Völker.

Der Vorstoß der Goten an die Schwarzmeerküste im 3. Jh. hatte nicht nur für die Goten, sondern auch für die mediterrane Welt tief greifende Folgen. Die bis in das 3. Jh. hinein unter römischer Oberhoheit stehenden griechischen Küstenstädte der nördlichen Schwarzmeerküste gerieten nun in gotische Abhängigkeit. Innerhalb kürzester Zeit organisierten die Goten von den griechischen Hafenstädten aus Raubzüge; zunächst nur entlang der südlichen Schwarzmeerküste, doch schon 257 durchquerten gotische Schiffe den Bosporus. Die Ägäis wurde systematisch geplündert. Weder die Inseln noch das Festland waren vor den gotischen Invasoren sicher: Ilion, Lemnos, Skyros, Ephesos, Rhodos, Kreta, Cypern, Side, Athen, Korinth, Argos, Sparta und Olympia wurden Opfer gotischer Einfälle. Der Reichtum der gotischen Grabfunde auf der Krim und hier besonders der Kammergräber aus Kerč, basiert sicher auch auf diesen erfolgreichen Raubzügen. Wohlvertraute Formen, wie z.B. die Fibeln mit halbkreisförmiger Kopfplatte und rhombischem Fuß sowie Schnallen mit kleinem Beschläg und verdicktem Bügel aus dem Formspektrum der Černjachov-Kultur, erscheinen hier in Gold gefertigt und mit Edelsteinen verziert. Gleichzeitig geben eine Reihe von Gräbern eine Vorstellungen davon, wie wir uns die Waffenausstattung der gotischen Oberschicht des ausgehenden 4. Jh. vorzustellen haben: Lanzen, Schilde mit zuckerhutförmigen und facettierten Schildbuckeln und überreich mit Edelsteinen in goldenem Stegwerk verzierte Schwerter zählen zu diesen Waffen, die den gotischen Kriegern selbst aber nicht mit ins Grab gelegt wurden. Der intensive Kontakt mit der circummediterranen Kultur hat die Goten zweifellos tief geprägt, wie dies z.B. die immer zahlreicheren Nachweise für Steinbauten im Bereich der Černjachov-Kultur belegen. Klare Ansätze einer gotisch-pontischen Mischkultur sind somit für die Zeit der zweiten Hälfte des 4. Jh. zu erkennen.

Parallel mit dem Beginn der gotischen Raubzüge zu Wasser lässt sich eine Erweiterung des gotischen Siedlungsraumes beobachten. Der Weg führte ent-

Oben: Die Züge der Ostgoten im 5. Jh.

Unten: Siedlungsgebiete der Ostgoten (nach 489) und der Gepiden seit der Mitte des 5. Jh.

lang der westlichen Küste des Schwarzen Meeres und damit zwangsläufig in ein auch von den Römern beanspruchtes Interessengebiet.

Auffallend ist, dass die von Osten vordringenden Goten die ehemalige Reichsgrenze in der ersten Hälfte des 4. Jh. nach Aussage der archäologischen Funde und Befunde nur im siebenbürgischen Raum überschritten. Namengebend für die Träger dieser erneuten Expansionsbewegung ist das in Siebenbürgen liegende und bereits 1903 untersuchte Gräberfeld von Sîntana de Mureş (ung. Marosszentanna). Deutlich sind anhand der Grab- und Bestattungssitten sowie aufgrund des Fundmaterials die unmittelbaren Zusammenhänge mit der Černjachov-Kultur zu erkennen. Jedoch werden beide Kulturgruppen auch innerhalb der historischen Überlieferung im Laufe des 4. Jh. immer deutlicher als eigenständige gotische Völker fassbar. Während die Träger der Černjachov-Kultur vermutlich mit den greutungischen Ostrogoten gleichzusetzen sind, verbergen sich hinter der archäologisch fassbaren Kulturgruppe der Sîntana de Mureş-Kultur die terwingischen Vesier. Erstere werden im 6. Jh. bei Jordanes zu den Ost-, Letztere zu den Westgoten; beide Begriffe finden in der historischen Forschung für die gotischen Völker in der Zeit nach dem Ende des 4. Jh. Verwendung.

Wo sind die Gepiden?

Erst ab der zweiten Hälfte des 4. Jh. werden die Gepiden im nordostungarischen und nordwestrumänischen Raum deutlicher archäologisch fassbar. Bemerkenswert hoch ist in den überwiegend aus Körperbestattungen bestehenden gepidischen Gräberfeldern der Anteil von Funden, die in unmittelbarem Zusammenhang mit der Sîntana de Mureş/Černjachov-Kultur zu sehen sind. Er belegt den engen Zusammenhang zwischen Gepiden und Goten. Doch lässt der häufige Nachweis von Waffengräbern (Schwert, Lanze und Schild) keinen Zweifel daran, dass wir es hier überwiegend nicht mit Goten zu tun haben. Zahlreich sind darüber hinaus Fundstücke, die auf sarmatischen Einfluss zurückgehen. Zu diesem Zeitpunkt war die gesamte ungarische Tiefebene von der Donau bis weit über die Theiß hinaus noch sarmatischer Siedlungsraum. Bereits der Zeit um die Mitte des 5. Jh. gehören die beiden Schnallen aus den Frauengräbern von Székely und Zalkod in Nordostungarn an.

Am östlichen Rand dieses frühen gepidischen Siedlungsraumes liegt der Fundplatz Szilágysomlyó

(heute Şimleu Silvaniei) in Rumänien. Schon im Jahr 1797 kam ein erster Teil dieses »weltberühmten« Fundes zutage. Er besteht aus 15 Medaillons, einer Miniaturenkette, 24 kleinen Ringen, einem scheibenförmigen granatverzierten Anhänger, einem Durchzug mit figuralem Dekor, einem fragmentierten Armring und einem Fingerring mit Tierkopfenden. Im Jahr 1889 wurden unweit der Fundstelle des ersten Komplexes weitere Objekte gefunden. Eine Onyxfibel, ein Scheibenfibelpaar, neun Fibelpaare mit halbkreisförmiger Kopfplatte und rhombischem Fuß, ein so genannter Schwurring sowie drei Schalen. Sämtliche Objekte sind aus Silber oder/und Gold gefertigt und z.T. mit Edelsteinen verziert. Die Zusammengehörigkeit beider Komplexe gilt heute als gesichert. Der Fund besitzt nicht nur aufgrund seines materiellen Wertes und seiner z.T. bemerkenswerten technischen Qualität eine herausragende Stellung. Ebenso bedeutsam ist die Tatsache, dass er in einem fast 150-jährigen Prozess zusammengetragen wurde und somit im besten Sinne als ein *thesaurus*, als ein Schatz, bezeichnet werden kann. Er ist Beleg für die intensive Beziehung zwischen dem spätrömischen Reich und den Gepiden, denen dieser *thesaurus* mit großer

Gürtelschnallen mit Kerbschnittzier aus gepidischen Frauengräbern der Mitte des 5. Jh. Oben Székely. – Unten Zalkod.

Wahrscheinlichkeit zugeordnet werden kann. Besonderer Ausdruck dieser engen Bindung ist – neben der so genannten Kaiserfibel (Onyxfibel) – das nachgeprägte Valens-Medaillon mit der Umschrift *R-ES-IS* ROMANORUM (eine Verschreibung von *REGES ROMANORVM*) auf der Rückseite. Die Verwendung der Bezeichnung *REGES* (Pl.) bzw. *REX* (Sing.), wurde von den Römern nie für den Kaiser gebraucht und ist nur im barbarischen Kontext denkbar.

Der Hunnensturm

Der Einfall der Hunnen in den nördlichen Schwarzmeerraum bildet zweifellos den Auslöser der Völkerwanderung. Unter den gotischen Völkern sind es zuerst die Ostgoten unter ihrem sagenhaften König Ermanerich, die der militärischen Stärke der Hunnen erliegen. Jedoch gelang es nicht unbedeutenden greutungisch-ostgotischen Splittern, sich nach Westen abzusetzen. Historisch gesehen gehören zu diesen Goten u. a. jene Kriegerscharen, die unter Radagais im Jahr 405 plündernd und brandschatzend nach Italien einfallen. Dem weströmischen Feldherrn Stilicho, dessen Eltern wandalisch-skirischer Herkunft waren, gelingt in Fiesole bei Florenz ein vollständiger Sieg über diesen Heerhaufen. Wie es das Schicksal will, waren

es vor allem Truppen des Hunnenkaghans Uldin und westliche Goten, die an dieser Aufgabe beteiligt waren. Doch der Großteil des greutungisch-ostrogotischen Volkes gelangte unter hunnische Herrschaft und verschwindet sowohl historisch als auch archäologisch für mehrere Jahrzehnte im Dunkeln. Erst nach dem Ende der hunnischen Herrschaft im Jahr 454 gibt es wieder eine eigenständige ostgotische Geschichte.

Die Nachricht von der Vernichtung des greutungisch-ostrogotischen Reiches verbreitete sich wie ein Lauffeuer entlang der Schwarzmeerküste. Die westlichen, terwingischen Goten organisierten unter der Führung ihres obersten »Richters« Athanarich den militärischen Widerstand; zunächst am Dnjestr und dann an Sereth und Pruth, um den Hunnen dennoch nichts Entscheidendes entgegenstellen zu können. Immerhin gelang es den Terwingen, sich nach Westen und damit in den unmittelbaren Interessenbereich des römischen Reiches abzusetzen. Eine weitere Konsequenz der gescheiterten Abwehr war das Auseinanderbrechen des Volkes. Der Großteil des Volkes bat unter der Führung von Alaviv und Fritigern um Aufnahme ins Römische Reich, während Athanarich mit wenigen Getreuen nördlich der Donau verblieb.

Der oströmische Kaiser Valens erklärte sich im Jahr 376 bereit die Goten aufzunehmen. Gleichzeitig überschritten an verschiedenen Stellen völlig unkontrolliert weitere Gruppen die Donau, darunter große Reiterverbände der ostrogotischen Führungsschicht unter Alatheus und Safrax, der sich auch alanische und hunnische Gruppierungen angeschlossen hatten. Die Ansiedlung der Goten scheiterte. Plündernd und brandschatzend zogen sie über den Balkan.

Am 9. August 378 kommt es zur offenen Feldschlacht zwischen den Goten und der oströmischen Armee. Valens eröffnet die Schlacht, obwohl die Truppen des weströmischen Kaisers Gratian noch nicht eingetroffen waren. Es sind die für die Römer völlig unerwartet auftauchenden Reiterverbände unter Alatheus und Safrax, die die Schlacht bei Adrianopel entscheiden. Valens stirbt und die Armee des oströmischen Reiches wird aufgerieben. Noch am Vortag der Schlacht soll Fritigern Valens gebeten haben, die Goten auf römischem Boden mit ausreichender Versorgung anzusiedeln. Ziel der Goten war also nicht die militärische Bedrohung des römischen Reiches, sondern der Wunsch nach sicherem, vor den Hunnen geschütztem Siedlungsraum.

Nun beginnt die vierzigjährige Wanderung der Westgoten. Die Monate nach dem Sieg vergehen

...bjekte aus dem Verwahrfund von ...zilágysomlyó. Rechts: Die so genann-... Kaiserfibel, vermutlich 1. Hälfte ... Jh. – Links: Barbarische Nachprä-...ung eines Medaillons mit der Dar-...llung der Kaiser Valentinian I. und ...alens, vermutlich 3. Viertel 4. Jh.

mit Plünderungen auf dem Balkan. 382 kommt es mit Theodosius dem Großen, dem »Freund des Friedens und des Gotenvolkes«, zu einem lange ersehnten epochalen Vertragsabschluss, in dem den Goten eine Ansiedlung unter eigenen Führern auf römischen Boden gestattet wird.

391 wählen die bisher königslosen Westgoten, »die man nun sinnvollerweise« als solche bezeichnen kann, Alarich zu ihrem König. Alarich verkörperte ab diesem Zeitpunkt die Hoffnung – das »Heil« – des westgotischen Volkes. Im Jahr 395 verlassen die Goten den nördlichen Balkan. 397 werden sie in Epirus angesiedelt. Doch führen Versorgungsengpässe und eine gotenfeindliche Politik Ostroms unter Arcadius schon im Jahr 401 zur Abwanderung der Goten in Richtung Italien. Zeitweilig wird der Kaiser in Mailand eingeschlossen. Ein Marsch der Goten auf Rom wird befürchtet. Doch am 6. April 402 kann Stilicho die Goten in Norditalien bei Pollentia stellen. Die Schlacht endet unentschieden und die Goten ziehen sich auf den Balkan zurück. Die Beseitigung Stilichos und die Verweigerung von Geldzahlungen haben im Jahr 408 einen erneuten Marsch der Goten nach Italien zur Folge. Ein weiteres Mal steht Alarich mit dem westgotischem Heer vor den Toren Roms und diesmal geschieht das Unvorstellbare: Am 24. August 410 wird Rom erobert und drei Tage lang geplündert. Auf den Balkan werden die Westgoten nicht wieder zurückkehren.

Der Hunnensturm:
Der archäologische Befund

Mit dem Beginn des letzten Viertels des 4. Jh., also dem Erscheinen der Hunnen, brechen die Nachweise für das Fortbestehen der Černjachov-Kultur im nördlichen Schwarzmeerraum weit gehend ab. Das greutungisch-ostrogotische Volk verschwindet sowohl archäologisch als auch historisch fast vollständig aus der Geschichte. Schon vor dem Ende der Černjachov-Kultur lassen sich archäologische Nachweise für eine Separierung der Oberschicht von der breiten Bevölkerung im Bestattungswesen erkennen. Mit dem Zusammenbruch des greutungisch-ostrogotischen Reiches scheint es zu einer vollständigen Aufgabe der Beigabensitte der breiten Bevölkerungsschichten gekommen zu sein und selbst die überreichen Bestattungen der Oberschicht reduzieren sich in ihrer Ausstattung auf Schmuck und Tracht; echte Beigaben erscheinen mit Ausnahme von Toilettbestecken und Kämmen

sowie einem stark reduziertem Geschirrsatz aus Kanne und Trinkgefäß kaum noch. Zudem gewinnt die Gestaltung der Beigabensitte und der Ausstattung der Bestatteten ein so hohes Maß an Gleichförmigkeit, dass sich unterschiedliche Kulturgruppen kaum noch ausmachen lassen. Zu Recht spricht Volker Bierbrauer von einer ostgermanischen »Koine« und Jaroslav Tejral von einem »donauländischen oder donauländisch-ostgermanischen Kulturkomplex«.

Im Kontext dieser Koine sind auch die terwingischen Vesier bzw. Westgoten zu sehen. Denn ebenso wie bei den greutungischen Ostrogoten, versiegt die relevante Quelle der Grabfunde mit dem Erscheinen der hunnischen Bedrohung. Die Gräberfelder der Sîntana de Mureș-Kultur brechen nach dem 3. Viertel des 4. Jh. ab. Somit lassen sich über die Grabsitte der Goten nur noch eingeschränkt Aussagen treffen. Die weitere Geschichte der Westgoten im Donauraum lässt sich bis zu ihrer endgültigen Abwanderung zunächst nach Italien (408) und dann über Südfrankreich bis nach Spanien nicht mehr archäologisch verfolgen, da durch die beständigen Wander- und Plünderungszüge die Voraussetzung zur längerfristigen Anlage von Nekropolen entfiel. Nur anhand von Einzelfunden lässt sich die Anwesenheit ostgermanischer Gruppierungen derzeit auf dem Balkan belegen.

Bemerkenswert sind die wie eine Bugwelle vor den nach Europa hereinstürmenden Hunnen erscheinenden reichen ostgermanischen Frauengräber in Mittel- und Westeuropa. Bestattungen, wie Untersiebenbrunn in Niederösterreich, Hochfelden im Elsass und Arian in der Normandie dokumentieren diese Fluchtbewegung. Unter den reichen Männergräbern belegen dies anschaulich die Waffengräber von Lébeny und Lengyeltóti in Ungarn, die aufgrund ihrer Datierung noch in die Zeit vor der Anwesenheit der Hunnen im pannonischen Raum fallen. Das häufigere Auftreten von Elementen der Sîntana de Mureș/Černjachov-Kultur in den spätrömischen Gräberfeldern entlang der Donau ist ein deutlicher Hinweis auf die Aufnahme barbarischer – wohl überwiegend gotischer – Bevölkerungsgruppen auf reichsrömischem Boden. An charakteristischen Elementen sind hier zum Beispiel die Fibeln mit halbkreisförmiger Kopfplatte und rhombischem Fuß oder die Kämme mit dreieckiger Kopfplatte zu nennen.

Neben der geringen Zahl an überdurchschnittlich reich ausgestatteten Grabfunden sind es vor allem einige wenige herausragende Verwahrfunde, die schlaglichtartige Einblicke in die komplexe po-

Funde aus dem Frauengrab
von Hochfelden im Elsass,
um 400 n. Chr.

litische und soziologische Situation der ostgermanischen Völker im 5. Jh. nördlich der Donau erlauben. Zu den bemerkenswertesten Funden zählt
der im Frühjahr 1837 entdeckte Verwahrfund von
Pietroasa. Der Fundplatz befindet sich an einem
der letzten südlichen Ausläufer der Karpaten. Aus
einem uns heute unbekannten Grund wurde hier
um die Mitte des 5. Jh. ein Komplex aus mindestens 22 ausschließlich goldenen und zum Teil granatverzierten Prunkstücken verborgen. Als dieser
einzigartige Fund nach fast 1500 Jahren wieder an
das Tageslicht kam, geschah dies wie so oft leider
nicht im Rahmen einer regulären Grabung. Zwei
Bauern fanden die Objekte zwischen Steinblöcken
und verkauften sie umgehend. Der Käufer zer

hackte die große, annährend 57 cm messende goldene Platte und beschädigte weitere Stücke. Noch
mehrmals sollten den Fund ähnliche Schicksalsschläge treffen. Der gesamte Schatz bestand ursprünglich neben der Platte aus zwei Schalen,
zwei Kannen, zwei Doppelhenkelbechern und 15
Schmuckgegenständen, darunter Halsringe und
ein Halskragen, zwei Armbänder und fünf Fibeln.
Neben dem vermutlich fast zeitgleich niedergelegten Fund von Szilágysomlyó vermittelt der Komplex von Pietroasa am eindrücklichsten eine Vorstellung eines königlichen Schatzes (*thesaurus*). Bei
der Suche nach Vergleichen und Vorbildern werden unweigerlich die engen Bezüge zur Herrschaftsrepräsentation des spätantiken Kaiserhofes

deutlich. Die großen z.T. mit Raubvögelköpfen versehenen Fibeln, der Halskragen und das Tafelgeschirr lassen sich nur als Kopie des kaiserlichen Herrschaftsgebarens verstehen. Möglicherweise lag im heutigen Ort Pietroasele, in dem sich bis in das 4. Jh. hinein ein spätantikes Kastell befunden hatte, der Herrschaftssitz eines ostgermanischen *rex*, der sich zur Zeit der hunnischen Vormacht herausnahm in seinem Äußeren den Kaiser in Byzanz nachzueifern.

Dass wir es in Pietroasa mit großer Wahrscheinlichkeit mit einem gotischen Herrscher zu tun haben, legt die gotische Inschrift auf einem der massiven goldenen Halsringe nahe, deren Übersetzung nach wie vor nicht gänzlich unstrittig ist. Sicher ist aber die Lesung des Wortes »gutani« als »Goten« und »hailag« als »heilig«. Aus historischen Gründen ist am ehesten an einen ostgotischen Besitzer zu denken, der im Umfeld Attilas ein hohes Maß an Eigenständigkeit erlangt hatte.

Zusammenbruch und Neuanfang

Mit dem Tod Attilas im Jahr 453 begann der rasche Niedergang der hunnischen Herrschaft in Südosteuropa. Mit Macht versuchten die Söhne Attilas die unterworfenen Völker weiterhin unter ihrer Oberhoheit zu halten, unterschätzten aber deren gewachsene Stärke und missachteten vor allem ihre unter Attila erworbene herausragende Stellung. Es kommt zum Aufstand, dessen »Kopf« nach Jordanes der »rex ille famosissimus Ardaricus«, der herausragende Gepidenherrscher Ardarich, wird. In der Schlacht am Nedao-Fluss, irgendwo in Pannonien, siegt vermutlich im Jahr 454 eine ostgermanische Allianz über die Hunnen. Nach der vernichtenden Niederlage der Hunnen bemächtigten sich die Gepiden als Sieger »des ganzen Dakiens«. Jordanes gibt mit dieser Feststellung, wie Walter Pohl schreibt, »das Ergebnis eines Prozesses an, so wie es sich zu seiner Zeit darstellte. Die gepidische Vormachtstellung im ehemaligen hunnischen Kerngebiet war seit 454 freilich eine machtpolitische Tatsache: Man kann aber daraus keineswegs schließen, die Gepiden hätten den gesamten Raum zwischen Theiß, Donau und Ostkarpaten schlagartig besetzt oder gar besiedelt. Die Durchdringung des seit 454 behaupteten Einflussgebietes war wohl erst gegen Ende des Jahrhunderts einigermaßen abgeschlossen; ein Konsolidierungsprozess, von dem die Quellen nichts berichten und dessen Ablauf wir nur aus den archäologischen Befunden einiger-

maßen erschließen können«. Nach der Schlacht am Nedao-Fluss nehmen zahlreiche Völker mit Byzanz Verhandlungen auf, um die neu geschaffene Lage ihren Vorstellungen entsprechend zu verändern oder zu festigen. Pannonien, das nach Jordanes zu den »*Hunnorum sedes*« zählte, geht nicht in gepidischen Besitz über, sondern wird 455 oder 456 durch den oströmischen Kaiser Marcian an die Ostgoten, den ehemaligen Verbündeten der Hunnen, abgetreten. Dennoch kommt es zu einem oströmisch-gepidischen Vertrag (*foedus*), der bis 530 von den Gepiden eingehalten wird und ihnen neben Siedlungsraum auch Jahrgelder zusichert.

Nach einem halben Jahrhundert unter hunnischer Herrschaft treten uns die Ostgoten wieder als historische Größe entgegen, doch verbessert sich damit keinesfalls ihr archäologischer Nachweis. Wie in der ersten Jahrhunderthälfte stellen sie nur einen nicht näher bestimmbaren Bestandteil innerhalb der barbarischen Völkerschaften (Skiren, Rugier, Sarmaten, Hunnen, Alanen und weitere) dar, die Aufnahme im pannonischen Raum finden. Ethnische Zuordnungen aufgrund historischer Überlieferungen bleiben ergebnislos. Bedeutender ostgermanischer Fundstoff stammt auch in der zweiten Hälfte des 5. Jh. wiederum fast ausschließlich aus den Frauengräbern der Oberschicht. Charakteristisch sind nun Arbeiten in Kerbschnitttechnik mit Spiralrankendekor, wie sie aus Gava in Nordostungarn oder Domolospuszta in Südwestungarn vorliegen. Entsprechende Arbeiten bleiben keinesfalls auf den Bereich der pannonischen Provinzen und damit auf jenes Gebiet beschränkt, für das aus historischen Gründen Ostgoten anzunehmen sind, sondern kennzeichnen wiederum die gesamte ostgermanische *Koine*.

Nach nur 14 Jahren verlassen die Ostgoten – im Jahr 469 – Pannonien und versuchen vergeblich im Vorfeld von Konstantinopel ein neues Reich zu gründen. 474 wird Theoderich der Große, der seine Kindheit und Jugend als Geisel am byzantinischen Kaiserhof verbracht hatte, zum König erhoben. Die folgenden Jahre bestehen aus scheinbar nie enden wollenden Kriegszügen über den Balkan. Ähnlich wie bereits bei den Westgoten, verhindert auch im Fall der Ostgoten der ständige Ortswechsel die Anlage von Siedlungen und Gräberfeldern. Nur blitzlichtartig werden Funde fassbar, die sich mit hoher Wahrscheinlichkeit mit Ostgoten verbinden lassen. So im Fall eines vor wenigen Jahren entdeckten Kindergrabes in Novae, aus dem ein goldener Handgelenkring, wie er nur in Bestattungen der obersten germanischen Schicht

Adlerfibel aus dem Verwahrfund von Pietroasa
(1. Hälfte bis Mitte 5. Jh.)

Textfragmente aus der Wulfila-Bibel

Ein eigentlich sensationeller Fund aus Hács-Béndekpuszta in Ungarn ist bislang weit gehend unbekannt. Dort, ca. 15 km vom Südufer des Plattensees entfernt, wurde in den 1950er-Jahren ein kleines Gräberfeld aus der zweiten Hälfte des 5. Jh. untersucht. Grab 5 dieser Nekropole enthielt – neben anderen Beigaben – mehrere kleine Bleiplättchen, deren Größe sich im Bereich von 5 × 5 cm bewegt; die Materialstärke beträgt nur einen Millimeter. Diese Bleiplättchen waren beidseitig beschriftet und zwar in gotischer Schrift. Einer erst vor knapp zehn Jahren erfolgten wissenschaftlichen Auswertung zufolge handelt es sich um Passagen aus dem Neuen Testament und zwar in der Übersetzung Wulfilas (311–383).

Wulfila – 341 in Antiochia, dem heutigen Antakya, zum Bischof für die »Christen im danubischen Gotenland« geweiht – hatte um 369 die Bibel (NT) und das Vaterunser ins Gotische übersetzt und eigens dafür eine Schrift entwickelt, bestehend aus 27 Zeichen (größtenteils eine Abwandlung griechischer Buchstaben mit einigen lateinischen Buchstaben und wenigen Runenzeichen). Diese Übersetzung war zur Völkerwanderungszeit weit verbreitet und bedingte die Übernahme des arianischen Christentums durch viele germanische Stämme. Heute sind nur noch neun fragmentarische Textzeugen erhalten, von denen die als »Codex Argenteus« bekannte Abschrift aus dem 6. Jh. (Universitätsbibliothek Uppsala) als ältester Zeuge gilt. Die Bleiplättchen aus Hács-Béndekpuszta sind zweifellos älter, wenngleich sie aufgrund ihrer einfachen Ausführung der unglaublichen Pracht des mit Silbertinte auf purpurfarbenem Pergament geschriebenen Codex natürlich nicht den Rang ablaufen können. D. Q.

Bleiplättchen aus Hács-Béndekpuszta mit Textfragmenten aus dem Neuen Testament in der Übersetzung Wulfilas. (Vorlage: Archäologisches Institut der Ungarischen Akademie der Wissenschaften Budapest)

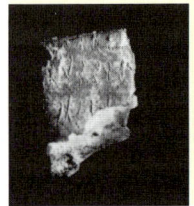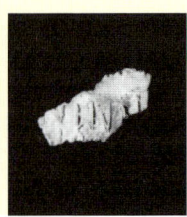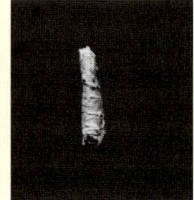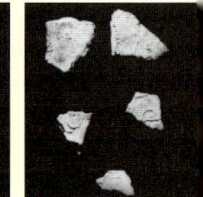

Europas im 5. Jh. zu finden ist, und ein kleiner granatverzierter, als Raubvogel gestalteter Besatz geborgen wurde. Novae, im heutigen Bulgarien an der Donau gelegen, ist für längere Zeit ein ostgotisches Machtzentrum.

Das Ende dieses ruhelosen Zustands zeichnet sich erst ab, als Theoderich der Große am 1. Januar 484 zum oströmischen Konsul ernannt wird. Vom oströmischen Kaiser Zenon erhält er, mit der Heermeisterwürde und dem Patriciustitel ausgestattet, den Auftrag, nach Italien zu ziehen. Dort soll er Odoaker bekämpfen, der den letzten weströmischen Kaiser, Romulus Augustulus, im Jahr 476 abgesetzt hatte. 488 setzt sich Theoderich mit seinem Volk in einem langen Tross in Bewegung. 489 erreicht er Italien, wo das italische Ostgotenreich bis 552 besteht. Noch bis in die 40er-Jahre des 6. Jh. blieben die Ostgoten aber im Raum der römischen Provinzen Pannonia und Savia und damit an der Donau präsent. Gräberfelder, wie jenes aus Belgrad-Zemum und aus dem antiken Sirmium (heute Sremska Mitrovica), belegen dies von archäologischer Seite.

Die Gepiden bleiben

Von der zweiten Hälfte des 5. bis in die 70er-Jahre des 6. Jh. sind die Gepiden die bestimmende Macht im Karpatenraum. 469 unterstützen gepidische Kontingente den Suevenkönig Hunimund in seinem Krieg gegen die Ostgoten. In der Schlacht an einem Fluss namens Bolia siegen die Ostgoten. 474 werden die Gepiden erneut militärisch aktiv und besetzen das von den Ostgoten aufgelassene Slawonien und Sirmium. Hier treten sie 488 gegen den heranziehenden und sich seinen Weg nach Italien bahnenden Theoderich den Großen an und werden von diesem vernichtend geschlagen. Wenig später fällt Sirmium wiederum in gepidische Hand, wird aber schon 504 von Theoderich erneut erobert und dem ostgotischen Reich einverleibt. Sirmium bleibt weiterhin umkämpft. 530 versuchen die Gepiden mit herulischer Unterstützung eine Rückeroberung, werden aber von den Ostgoten unter Wittigis geschlagen. Nach Ausbruch des oströmisch-gotischen Krieges wird Sirmium von den Gepiden eingenommen und zur gepidischen »Hauptstadt« erhoben.

Der archäologische Nachweis der Gepiden verdichtet sich in der zweiten Hälfte des 5. Jh. Als Leitform des 6. Jh. dürfen die so genannten Adlerkopfschnallen gelten. Nun lässt sich ihr zentrales Siedlungsgebiet archäologisch mit der Anlage erster Reihengräber genauer bestimmen: Die westliche Grenze verlief entlang der Theiß, im Osten reichte es bis zu den sarmatischen Wällen, umfasste innerhalb des Karpatengürtels aber auch den siebenbürgischen Raum, im Süden war es durch die Donau begrenzt und erstreckte sich nur zeitweise über das Gebiet der Provinz *Pannonia Secunda*, während im Norden der Verlauf der Körös und wiederum die sarmatischen Wälle die Siedlungsgrenze bildeten.

Apahida und Cluj Someşeni – Hinweise auf den gepidischen Königshof?

Die intensive Beziehung zwischen dem spätrömisch-frühbyzantinischen Reich und den Gepiden, die auf staatlicher Ebene ihren Ausdruck in einem über siebzig Jahre währenden Bündnis fand, dokumentieren in archäologischer Hinsicht die Funde aus dem Umkreis des siebenbürgischen Ortes Apahida unweit von Cluj (Klausenburg), dem römischen Napoca. Hier im Inneren des Karpatenbogens stießen im Jahr 1889 Tagelöhner beim Abgraben von Schotter auf den ersten Grabfund von Apahida. Zwei spätantike Silberkannen, eine goldene Zwiebelknopffibel, ein Monogrammfingerring, ein Namensfingerring mit Kreuzzeichen, ein weiterer Fingerring mit einem Dekor aus vier Kreuzzeichen sowie granatverzierte Schnallen und weitere Funde entstammen einer mediterranen Werkstatt. Der Namensfingerring erlaubt uns den Toten aus der Anonymität zu befreien: Omaharus war der Name dieses ostgermanischen Herrschers aus dem dritten Viertel des 5. Jh. Zweifellos sind Zwiebelknopffibel und Fingerringe Bestandteil einer spätantiken Amtstracht, die Omaharus durch

bjekte aus dem ersten rab von Apahida. 2. Hälfte Jh. Rechts: Spätantike lberkanne mit der Darellung einer tanzenden änade und eines Satyrs. – nten: Goldene Zwiebelnopffibel mit durchbroener, ein Kreuz zeigender ußzier.

den oströmischen Kaiser verliehen bekommen hatte, und die ihn als engen Verbündeten Ostroms auswiesen. Gleichzeitig belegt der goldene Handgelenkring, wie wir ihn bereits aus Novae kennen, die Zugehörigkeit zur obersten germanischen Herrscherschicht Europas.

1963 kam unweit von Apahida in Cluj-Someşeni ein weiterer herausragender Fundkomplex zutage. Es handelt sich um Schmuckstücke einer Frau. Sämtliche Objekte sind aus Gold gefertigt und z.T. granatverziert. Neben Schnallen, Fingerringen, Halsschmuck und weiterem Zierart ist vor allem ein Pektorale besonders erwähnenswert, das im Zentrum ein Kreuzzeichen aus Stegwerk zeigt und dessen Rand ursprünglich mit einem Perlendekor versehen war. Überdeutlich sind auch hier die Beziehungen zur spätantiken Kultur.

Nur fünf Jahre später, im Jahr 1968, wurde der zweite Grabfund von Apahida entdeckt. Auch hier ist eine vollständige Bergung nicht anzunehmen. Dominiert wird dieser Komplex aus edelsteinverzierten Arbeiten in Gold, die von einem umfangreichen Pferdegeschirr stammen. Daneben fanden sich Sattel-, Riemen- und Taschenbesätze, Trensen sowie Schnallen in großer Zahl. Bemerkenswert ist der Nachweis von Schwertscheidenbeschlägen, denn Goten, die ihre Toten ohne Waffen bestatteten, scheiden damit als einstige Besitzer aus. Im Unterschied zum ersten Grabfund von Apahida fehlen im zweiten Grabfund die Hinweise auf eine byzantinische Amtstracht, doch handelt es sich bei fast allen Objekten um Arbeiten aus dem mediterranen Raum, die mit großer Wahrscheinlichkeit auch auf Veranlassung des oströmischen Kaisers ihren ostgermanischen Besitzer fanden.

Es war ein spielendes Kind, das im Jahr 1978 den Hinweis auf ein weiteres Oberschichtgrab in Apahida entdeckte, auf das einzig eine goldene und reich mit Edelsteinen verzierte Gürtelschnalle aus der Baugrube des örtlichen Postamtes hinweist. Weitere Objekte dieses, in das letzte Viertel des 5. Jh. zu datierenden Grabes fanden sich nicht.

Die Dichte der Belege in und bei Apahida lassen kaum einen Zweifel daran, dass hier im Zentrum Transsilvaniens (Siebenbürgen) ein gepidischer Herrschaftssitz existierte, der über mehrere Generationen Bestand hatte.

Die Gepiden: Bis zum bitteren Ende

567 wird das gepidische Reich von dem reiternomadischen Volk der Awaren unterworfen. »Der Stamm der Gepiden aber kam so herab, dass sie seitdem keinen eigenen König mehr hatten« stellt der langobardische Historiker Paulus Diaconus

fest. Das gepidische Volk hörte als politische Kraft auf zu existieren: König, Land und Schatz waren verloren. Archäologisch lässt sich jedoch immer deutlicher ein Weiterleben gepidischer Elemente unter awarischer Herrschaft erkennen. Das Erscheinen der Awaren ist auch für die Langobarden, die seit dem späten 5. Jh. im Donauraum Fuß gefasst hatten, das Zeichen zum Aufbruch. Unter ihrem *rex* Alboin erobern sie 568 Italien.

Objekte aus dem zweiten Grab von Apahida. Mitte bis 2. Hälfte 5. Jh. Oben: Goldene mit Granaten verzierte Sattelbesätze in Adlerform. – Links: Überreich mit Granaten verzierter goldener Taschenbesat

Die Vandalen

Zweifellos hängt den Vandalen der negativste Ruf unter den völkerwanderungszeitlichen Stämmen an, wenngleich die Wortschöpfung »Vandalismus« der Zeit der französischen Revolution entstammt. Zeitgenössische Schriftquellen zu diesem germanischen Stamm liegen zwar in einiger Zahl vor, doch sind sie für die Frühzeit oft widersprüchlich. So werden im Gebiet des heutigen Süd- und Mittelpolens Vandili genannt, in anderen Quellen fehlen diese aber, und an ihrer Stelle finden sich die Lugier. Erst im 4. Jh. sieht man etwas klarer. Hasdingische Vandalen aus dem heutigen Siebenbürgen stießen in den 30er-Jahren mit vordringenden Goten zusammen. Kurz vor 400 dürfte sich dann die großräumige gentile Koalition gebildet haben, die sich – bestehend aus Alanen, hasdingischen und silingischen Vandalen sowie Sueben – auf den Weg nach Westen machte. In der Silvesternacht des Jahres 406 überschritten sie den Rhein bei Mainz und zogen zwei Jahre durch Gallien. Im Herbst 409 überquerten sie die Pyrenäen und teilten die spanischen Provinzen untereinander auf. Kriege mit den im römischen Auftrag handelnden Westgoten führten zu starken Verlusten. Unter der Führung des hasdingischen Königs Geiserich brachen 429 vandalische, alanische und suebische Gruppen auf, um bei Gibraltar nach Afrika überzusetzen. Dort gelang es ihnen, ein bedeutendes Königreich zu gründen und mithilfe ihrer Flotte weite Teile des westlichen Mittelmeergebietes unter ihre Kontrolle zu bringen. Archäologisch sind sie allerdings nur schwer nachweisbar, denn sie hatten sich schnell an ihr römisches Umfeld akkulturiert.

D. Q.

Das Vandalenreich
um 460 n. Chr.

Geiserichs Reich in Nordafrika

VON PHILIPP VON RUMMEL

Vandalen in Nordafrika? Dieses Thema wird in der Reiseliteratur für Tunesienurlauber meist sehr knapp abgehandelt. In einem häufig verkauften Reiseführer findet man beispielsweise folgenden Satz, der über hundert Jahre nordafrikanischer Geschichte hinreichend zu besprechen scheint: »*Vandalismus und Zerstörung, keinerlei eigene Bauten, nicht einmal Schriftquellen sind aus der Vandalenzeit bekannt*«. Betrachtet man die Verhältnisse im nordafrikanischen Vandalenreich jedoch genauer, so erkennt man rasch, dass diese Vorstellung nicht ganz richtig ist. Deutlicher gesagt: jede einzelne Aussage dieses Satzes ist falsch.

Die Geschichte des vandalischen Afrika begann im Frühjahr des Jahres 429 n. Chr., als König Geiserich sein Heer über die Meerenge von Gibraltar führte und auf afrikanischen Boden landete. Einheitlich vandalisch war seine Gefolgschaft nicht, sondern ein Zusammenschluss von Menschen unterschiedlichster Herkunft. König Geiserich selbst entstammte dem vandalischen Teilstamm der Hasdingen, die auch den Kern der Gemeinschaft bildeten. In Spanien hatten sich ihnen die zuvor selbstständigen silingischen Vandalen und

Alanen angeschlossen, die von den Westgoten besiegt worden waren. Indem sich Geiserich und seine Nachfolger »*Rex Vandalorum et Alanorum*«, also »König der Vandalen und Alanen« nannten, erinnerten sie immer an diesen Zusammenschluss, der ein mächtiges Heer begründete. Zu den Gefolgsleuten Geiserichs gehörten aber auch einige Sueben, Goten und Römer aus Gallien und Spanien. Hinter vielen von ihnen lagen turbulente Jahre: Manche der Älteren hatten wohl noch den Rheinübergang zwischen Mainz und Straßburg im Jahr 406 erlebt, die anschließenden Plünderungen in Gallien, zahlreiche Schlachten, den Zug nach Spanien 409 und die zeitweiligen Ansiedlungen in verschiedenen Gegenden der iberischen Halbinsel. Archäologische Zeugnisse hinterließen diese Vorgänge jedoch nicht.

Im Vergleich zu den anderen Provinzen des Westreiches war das spätantike Nordafrika kurz vor der vandalischen Eroberung noch immer reich, ungemein fruchtbar und die Kornkammer Roms, obwohl es in diesen Jahren von tiefen Krisen erschüttert wurde. Zum Erfolg des vandalischen Heeres in Afrika trug zweifellos die Revolte des dortigen rö-

Die fruchtbare Landschaft des Oued Khalled in Nordtunesien. Die nordafrikanischen Provinzen galten als die Kornkammer des römischen Reiches.

Vandalenzeitliches Jagd-
mosaik aus Karthago.

mischen Befehlshabers Bonifatius bei, die diese Region zwischen 427 und 429 in kriegerische Auseinandersetzungen stürzte. Dabei muss offen bleiben, ob Geiserich mit dem Übergang nach Afrika tatsächlich einem Hilfegesuch des Bonifatius nachkam, wie Prokop berichtet, oder lediglich die Situation geschickt auszunutzen verstand. Nach der Überquerung der Straße von Gibraltar bewegte sich der Verband, der Victor von Vita zufolge etwa 80 000 Personen umfasste, jedenfalls zügig nach Osten und besiegte die römische Armee in der Provinz *Numidia* , im heutigen östlichen Algerien. Anschließend belagerte Geiserich 430/1 die Küstenstadt *Hippo Regius* (Annaba) 14 Monate lang. Während der Belagerung starb mit dem Kirchenvater Augustinus der Bischof dieser Stadt, der auch schon zu dieser Zeit zu den angesehensten Männern seiner Zeit gehörte. Nach der Eroberung machte Geiserich *Hippo Regius* zu seiner Residenzstadt und herrschte über ein großes Gebiet im heutigen Algerien. Mit der Provinz *Africa Proconsularis,* die etwa dem heutigen Nordtunesien entsprach, war das fruchtbare Herz des römischen Nordafrika um die Hauptstadt Karthago aber weiterhin in römischer Hand. Auf dieses Herzstück Afrikas wollten die Vandalen nicht verzichten, überfielen 439 das völlig unvorbereitete Karthago und brachten so ganz Nordafrika in ihre Gewalt. Ein drei Jahre später ge-

schlossener Friedensvertrag mit dem römischen Kaiser sicherte Geiserich schließlich die Herrschaft über ein Gebiet zu, das etwa dem heutigen Tunesien und nordöstlichen Algerien entspricht. Das heutige Marokko und westliche Algerien blieben dagegen unter römischer Kontrolle.

Mit Eroberung Karthagos, der nach Rom bedeutendsten Stadt des weströmischen Reiches, und der anschließenden systematischen Ansiedlung seiner Untertanen gab Geiserich dem afrikanischen Vandalenreich seine eigene Gestalt. Dabei übernahmen die Vandalen, was sie im Land vorfanden, ohne große Veränderungen herbeizuführen. Vor allem in der fruchtbaren Provinz *Africa Proconsularis* wurden römische Gutsbesitzer enteignet und deren Ländereien als erblicher und steuerfreier Besitz, die sog. *sortes Vandalorum,* an vandalische Gefolgsleute übergeben. Die religionspolitischen Maßnahmen der Vandalen, die zwar Christen waren, aber der arianischen Konfession anhingen, gegen die mehrheitlich katholischen Römer, konzentrierten sich besonders in diesen *sortes Vandalorum.* Dies zeigt, dass vor allem die proconsularische Provinz in ein vandalisches und arianisches Land verwandelt werden sollte. In den anderen Steuern zahlenden Provinzen des Vandalenreiches blieben dagegen sowohl die römischen Grundbesitzer als auch die katholische Kirche weitgehend unangetastet.

Ein Fund von 53 vandalenzeitlichen Holztäfelchen mit rechtlichen Dokumenten aus dem südlichen Numidien, den sog. *Tablettes Albertini*, unterstreicht in eindrucksvoller Weise die rechtliche und administrative Kontinuität auf ländlichen Domänen im Vandalenreich.

Anders als ihr heute zu Unrecht extrem schlechter Ruf glauben macht, haben die Vandalen bei ihrer Eroberung Afrikas keineswegs eine breite Spur der Vernichtung hinterlassen. Statt eines Bruches und einer starken Beschädigung der römisch-afrikanischen Strukturen, ist viel eher eine klare Kontinuität zu beobachten. Die Vandalen kamen nicht nach Afrika, um das Land zu verwüsten, sondern um an seinem Wohlstand teilzuhaben. Nach dem derzeitigen Stand der Forschung brachten die Neuankömmlinge keine eigene, archäologisch nachweisbare Sachkultur mit. Geiserichs Gefolgsleute nutzten stattdessen die bestehenden Möglichkeiten. Sie ließen sich in den ländlichen Anwesen und städtischen Häusern enteigneter Römer nieder, die

zum Teil mit prächtigen Mosaiken neu ausgeschmückt wurden. Unter vandalischer Herrschaft wurden in Afrika Paläste, Thermenanlagen und Kirchen errichtet und renoviert, wie etwa eine Inschrift in der Kirche im tunesischen Henchir el-Gousset zeigt, die den Vandalenkönig Thrasamund nennt. Sowohl die archäologischen Quellen als auch der griechische Historiker Prokop (BV II, 6, 5–9)

Bauinschrift eines vandalenzeitlichen Anbaus einer Kirche in Henchir el-Gousset aus dem Jahre 521 mit Erwähnung des vandalischen Königs Thrasamund: »ANNOBICESI MOVIDOM NIREGISTA SAMUNDI« (anno vicesimo vi domni regis Tasamundi).

Vandalismus

Vandalismus – ein Begriff, mit dem wir zumeist sinnlose Zerstörungen Jugendlicher, oft auch Graffities an Bauwerken jeglicher Art, assoziieren oder aber auch die Zerstörung einzelner Kunstwerke durch psychopathische Täter. Ein weiterer Aspekt des Begriffes ist die Beschädigung oder Beseitigung von Kunstwerken und Denkmälern in einem größeren politischen, ideologischen oder ökonomischen Kontext. Der aufsehenerregendste Akt dieser Art der letzten Jahre war sicher die Sprengung der über 50 m großen, in den Fels gehauenen Buddha-Figur im afghanischen Bamiyan durch die Taliban. Doch was haben die Vandalen damit zu tun, von denen der Begriff ja zweifellos abgeleitet ist? Die germanischen und reiternomadischen Stämme der Völkerwanderungszeit waren seit dem 16. Jh. geradezu sprichwörtlich als Kulturzerstörer verrufen: Neben Attilas Hunnen und Alarichs Westgoten galt dies besonders für die Vandalen, die im Jahre 455 zwei Wochen lang Rom geplündert hatten. Allerdings wurde der Begriff Vandalismus anscheinend erstmals am 28. August 1794 benutzt. Der Bischof von Blois, Henri Baptiste Grégoire, prangerte vor dem Pariser Konvent die Verbrennung von Büchern und Kunstwerken durch die Jacobiner an. Seine Rede erschien bereits drei Tage später im Druck unter dem Titel »Rapport sur les destructions opérées par le vandalisme, et sur les moyens de le réprimer« (Bericht über die Zerstörungen, bewirkt durch den Vandalismus und die Mittel, sie zu unterdrücken). Da die germanischen Stämme seit dem Humanismus als wahre Schreckensfiguren galten (die Goten aber schon einer gerade in Frankreich sehr produktiven Stilepochen ihren Namen gegeben hatten), wurde der Begriff »Vandalismus« sehr schnell populär. Inwieweit die Plünderung Roms durch die Vandalen eine außerordentliche Form von Vandalismus darstellt, bleibt zweifelhaft. Es ging Geiserich, wie anderen Heerführern seiner Zeit, vor allem um Bereicherung und Steigerung seines Prestiges. Rom wurde aller Schätze beraubt, berichtet Cassiodor. Sichere Nachrichten über Zerstörungen liegen aber nicht vor. Der Begriff Vandalismus ist seinem Ursprung nach also zumindest problematisch, dennoch in seiner Aussage üblich, verständlich und vor allem prägnant. Alexander Demandt hat dem Vandalismus vor wenigen Jahren eine brillante kulturgeschichtliche Untersuchung mit dem Untertitel »Gewalt gegen Kultur« gewidmet. Er zeigt zahlreiche Beispiele für die Zerstörung von Kulturdenkmälern und deren Motivation von der Antike bis in die Neuzeit hinein auf.   D. Q.

Porträt des Bischofs von Blois, Henri-Baptiste Grégoire (1750–1831), der 1794 den Begriff Vandalismus in einem Bericht im Konvent zu Paris prägte.

bezeugen, dass die Vandalen einen sehr »römischen« Lebenswandel pflegten, mit einer Vorliebe für Bäder, Musik, prachtvolle Gewänder, Theater, Rennbahnen und Jagd. Auch ihre Toten bestatteten die Vandalen in römischer Manier auf älteren Nekropolen oder in Kirchen. Lediglich eine kleine Zahl von zumeist sehr reichen Gräbern weist auf ein fremdes, in Afrika unübliches und mit den Vandalen zu verbindendes Bestattungsritual hin. Dieses zeichnet sich dadurch aus, dass die Verstorbenen in prunkvollen Gewändern bestattet wurden, die ihren hohen sozialen Status ausdrückten. In *Thuburbo Maius* wurden in einer Kirche beispielsweise mindestens drei Personen in einer solchen Weise bestattet. Zu ihnen gehörte auch ein Vandale, der in einer römisch-mediterranen Bekleidung beigesetzt wurde. Bei der Ausgrabung fanden sich davon noch eine prachtvolle Mantelfibel, eine Gürtelschnalle und Schnallen einer Schuhgarnitur. Ein Mosaik auf seinem Grab im Kirchenschiff überliefert seinen germanischen Namen *Arifridos*.

Das Vandalenreich exportierte weiterhin große Mengen von Getreide und Olivenöl, die den wahren Reichtum des Landes darstellten. Aus dem östlichen Mittelmeerraum führte man Preziosen wie Seidenstoffe, Edelsteine, Gewürze und Papyrus ein und zahlreiche Amphorenfunde in Karthago und anderen Hafenstädten belegen den Import von östlichem, oft palästinensischem Wein. Seit König Gunthamund (484–496) prägten die Vandalen eigene Bronze- und Silbermünzen, deren weite Verbreitung für die Vitalität des vandalenzeitlichen Handels spricht. Auch die berühmte afrikanische Feinkeramik (Terra Sigillata) wurde wie zuvor unter römischer Herrschaft im Vandalenreich produziert und in den gesamten Mittelmeerraum exportiert. In Rom stammten noch in der zweiten Hälfte des 5. Jh. bis zu 90 % der Feinkeramik aus nordafrikanischer Produktion. Sie bezeugt, dass trotz der vandalischen Eroberung, und der daraus resultierenden Hindernisse, die unentbehrlichen Lebensmittellieferungen aus Nordafrika noch immer Rom erreichten.

Schon einige Jahrzehnte vor Ankunft der Vandalen hatte jedoch im späten 4. Jh. auch in Nordafrika ein Prozess eingesetzt, der die antik-römischen Städte veränderte und in vielen Bereichen einen

Die Ruinen der sog. Tempelkirche von Thuburbo Maius.

Niedergang mit sich brachte. Der zunehmende Zusammenbruch der städtischen Selbstverwaltung wirkte sich auch auf das Bild der Städte aus. Große öffentliche Anlagen wie Foren, Portiken, Thermen oder Aquädukte konnten nicht mehr erhalten werden. Straßen wurden überbaut, heidnische Tempel verfielen und christliche Kirchen wurden die neuen Zentren des öffentlichen Lebens. Durch fehlende überregionale Organisation scheint auch die Versorgung des Hinterlandes schlechter geworden zu sein, das nun immer stärker von lokalen Eliten abhängig wurde. Die Vandalen besaßen wohl kein Interesse, oder hatten vielleicht auch keine Möglichkeiten, diese Entwicklung aufzuhalten, die in dieser Zeit allgemein im westlichen Mittelmeerraum zu beobachten ist. Aus Furcht vor Revolten ließen sie die Stadtmauern der Städte ihres Reiches niederreißen und schadeten so den Städten, die nun ungeschützt den Angriffen maurischer Stämme ausgesetzt waren. Trotzdem blieb Nordafrika unter den Vandalen eine wohlhabende Provinz. Verantwortlich dafür waren vor allem die weiterhin hohe Produktivität der Landwirtschaft, die Kontinuität in Verwaltung und Recht, in Kunst und Kultur, ein intensiver Handel und die mächtige Position des Vandalenreiches im westlichen Mittelmeerraum. Als die Armee des oströmischen Kaisers Justinian im Jahr 533 in Afrika landete, brach die über hundert Jahre währende Herrschaft der Vandalen jedoch in kürzester Zeit zusammen. Zwei Schlachten und die Gefangennahme des letzten Königs Gelimer beendete die Herrschaft der Vandalen über Nordafrika und bildeten den Schlusspunkt der vandalischen Geschichte.

In Erinnerung blieben die Vandalen vor allem durch die Berichte katholischer Schriftsteller über die brutalen Maßnahmen der arianischen Vandalen

Zwölfschnauzige Lampe mit Reliefdekor, die in der 2. Hälfte des 5. Jh. oder im frühen 6. Jh. unter vandalischer Herrschaft wohl in Zentraltunesien hergestellt wurde.

gegen Katholiken, die in den folgenden Jahrhunderten immer wieder gelesen wurden. Erst in der Zeit der französischen Revolution wurde der »Vandalismus« zu einem Synonym für sinnlose Zerstörungswut. Auf diese Weise sind »Vandalen« bis heute nahezu allgegenwärtig. Wie wenig diese Auffassung von »Vandalismus« jedoch mit dem Leben afrikanischer Vandalen der Spätantike zu tun hat, mag beispielhaft folgende Passage eines lateinischen Gedichtes aus dem Vandalenreich vermitteln (Anthologia Latina 304). Lassen wir mit dem Dichter Luxorius und seinem Lobgesang auf das Gartenschlösschen des vandalischen Adligen Fridamal einen Zeitgenossen zu Wort kommen:

[…] *Dieser Turm reicht wahrlich in luftige Höhen,/ er bietet seinem Herrn einen angenehmen Ruheplatz,/ leuchtet inmitten der Wälder prachtvoll hervor/ und vereint alle denkbaren Vorzüge an einem Ort./ Hier umgeben Haine, dort Brunnen die Räume/ und wie auf heimischen Berg steht eine Statue von Diana./ Ja, obwohl entzückende Dinge in verschwenderischer Pracht verwendet wurden,/ obwohl verschiedenste Kunstwerke die Räume erstrahlen lassen,/ ist doch besonders die Darstellung deiner Tapferkeit zu bewundern,/ Fridamal und das auf höchst ruhmreiche Weise erlegte Wild;/ von der Liebe zu der dir eigenen Tapferkeit getrieben,/ hast du eine Tat vollbracht um diesen würdigen Platz zu schmücken.* […]

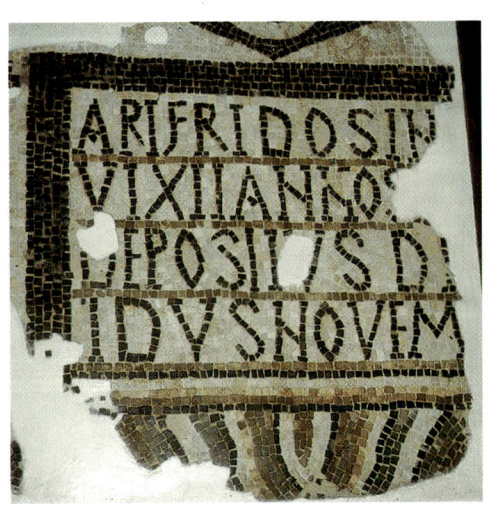

Thuburbo Maius, Tempelkirche: Grabmosaik des Vandalen Arifridos.

Die Burgunder

Die Burgunder oder Burgunden sind als das Volk der Nibelungensage allgemein bekannt. Der Sagenkern geht wohl auf Ereignisse um 435 n. Chr. zurück, auf eine Auseinandersetzung innerhalb des Reiches zwischen föderierten Burgunden unter ihrem König Gundahar und dem weströmischen Heermeister Aëtius mit einem verbündeten Hunnenkontingent.

Die Burgunder hatten sich als Führungsgruppe eines Verbandes, der aus verschiedenen ostgermanischen Stammesteilen zusammengesetzt war, aus ihrem Siedlungsgebiet zwischen Oder und Weichsel während der römischen Kaiserzeit nach Mainfranken bewegt. Dort kennen wir allerdings nur wenige Siedlungen und Gräberfelder, die wir ethnisch mit ihnen in Verbindung bringen können. Die historische Überlieferung bezeichnet typischerweise alle rechtsrheinischen Germanen im Maingebiet als Burgunder. Es ist damit zu rechnen, dass kleinere ostgermanisch burgundische Gruppen bereits ansässige elbgermanische Stämme unterworfen und überschichtet haben. Ein kleiner militärisch und politisch starker burgundischer »Traditionskern« dürfte mit seiner auffälligen Dominanz für die künftige und nachhaltige Namensgebung gesorgt haben. Bereits in diesen rechtsrheinischen Wohnsitzen des 4. Jh. ist ein starker römischer Einfluss erkennbar, der ein Indiz für eine frühe und durchgreifende Romanisierung ist. Das heißt eine zügige, aktive Übernahme römischer Kultur, die zur Aufgabe germanischer Traditionen einschließlich des alltäglichen Gebrauchsgutes führte.

So wird verständlich, dass wir in der Zeit um 400 n. Chr. besonders linksrheinisch, meist vergeblich, nach germanisch anmutenden Verhaltensweisen oder Objekten in der archäologischen Überlieferung suchen, die Zeugnis von der burgundischen Herkunft ihrer Besitzer geben können. M. K.

links: Verlegung der burgundischen Siedlungsgebiete vom 2. bis zum 4. Jh. von der Oder an den Main.

Rechts: Burgunderreich am Rhein und burgundisches Gebiet nach der Umsiedlung nach 436 in die »Sapaudia« und mögliche Ausdehnung des burgundischen Königsreiches am Beginn des 6. Jh.

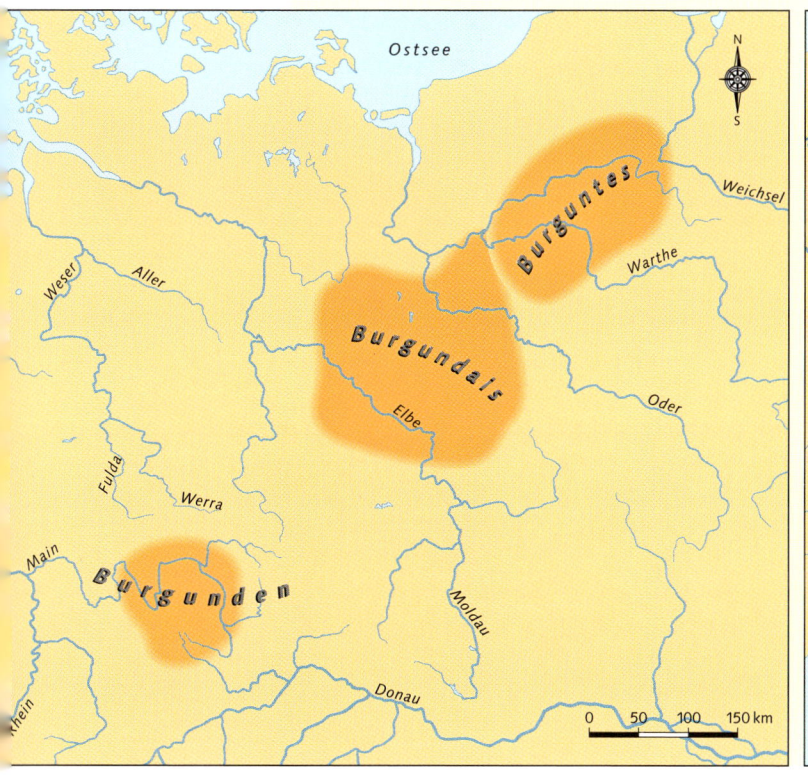

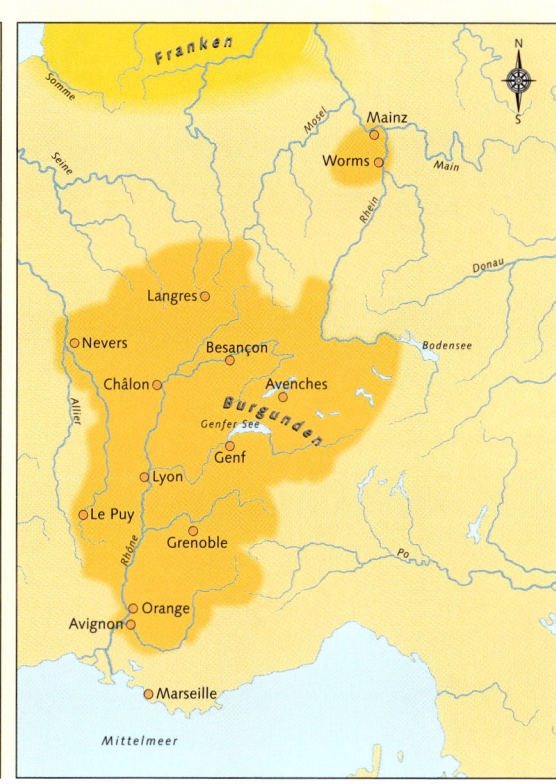

Das Volk der Nibelungensage

VON DIETER NEUBAUER

Durch das Nibelungenlied erfreut sich der ostgermanische Volksstamm der Burgunden oder Burgunder eines großen Bekanntheitsgrades. In das dramatische Epos um die Niederlage gegen ein hunnisches Heer waren jedoch während der Jahrhunderte mündlicher Überlieferung weitere germanische Heldensagen wie das Siegfried-, Dietrich-, Brunhild- oder Atli-(Attila-)Lied eingeflochten sowie einzelne Personen und Handlungselemente hinzugedichtet worden. Erst kurz nach 1200 wurde die auf uns gekommene Fassung des Nibelungenliedes in Niederösterreich niedergeschrieben. Noch heute mühen sich Mediävisten und Historiker, den historischen Kern dieses völkerwanderungszeitlichen Dramas herauszufiltern, Dichtung von Wahrheit zu trennen.

Im Dunkel legendenhafter Überlieferung ruht bis heute auch die Frühgeschichte des Stammes. Die Urheimat der Burgunder während der vorchristlichen Jahrhunderte ist wohl ebenso wie für den Großteil der germanischen Stämme in Skandinavien zu vermuten. Für einen zumindest zeitweisen Aufenthalt auf der Insel Bornholm spricht deren frühere Bezeichnung als *Burgundarholm*. Seit dem 2. Jh. v. Chr. siedeln Burgunder südlich der Ostsee im Bereich der Odermündung. Die erste historische Erwähnung von *Burgodionen* liefert Plinius der Ältere für die Zeit um 70 n. Chr., der sie zusammen mit Varinnen (Warnen), Charinern und Gutonen (Goten) zur vandilischen Völkergruppe zählt. Der um die Mitte des folgenden Jahrhunderts schreibende Geograf Ptolemaeus nennt sie als östliche Nachbarn der Semnonen, von diesen getrennt durch den Fluss Suebos oder Syebos, der in der Forschung umstritten mit Elbe, Havel oder Spree identifiziert wird. Die Ostgrenze ihres Stammesgebietes bilde die Vistula (Weichsel). Das Siedlungsgebiet der Burgunder dürfte damit im Gebiet der mittleren Oder zu suchen sein. Mit ihren östlichen Nachbarn, den Goten, verbindet sie auch eine gewisse Sprachverwandtschaft, weshalb beide seit dem 19. Jh. zur Gruppe der Ostgermanen gerechnet werden. Allerdings sind uns nur wenige Zeugnisse burgundischer Sprache überliefert, so etwa Personennamen wie Hanhavaldus, Gudomarus oder Hariulfus. Darüber hinaus sind nur wenige Worte aus runischen und lateinischen Inschriften bekannt. Römische Autoren und die um 500 codifizierte burgundische Gesetzessammlung des Königs Gundobad, die lex Burgundionum, führt weitere Fachbegriffe an. So nennen die Burgunder ihren König Hendinos, ihren Ältesten Sinistus. Der Großteil dieser Sprachzeugnisse stammt jedoch erst aus der Zeit des Burgunderreiches an der Rhône. Unklar bleibt in diesem Zusammenhang inwieweit im Laufe der Wanderungen fremde Elemente in die Sprache Eingang gefunden hatten, sei es durch germanische Völkerschaften, die sich dem Zug anschlossen, sei es durch den Kontakt mit der romanischen Bevölkerung an Rhein oder Rhône.

Archäologisch ist das Siedlungsgebiet der Burgunder an der Oder beim derzeitigen Forschungsstand nicht eindeutig zu identifizieren. Als Hauptproblem erweist sich hierbei die Frage, welche Bestattungsform, Siedlungsweise oder Trachtbestandteile als spezifisch burgundisch angesehen werden dürfen. Die archäologische Kulturgruppe beiderseits der Oder, einst als »Burgundische Kultur« bezeichnet, wird von der neueren Forschung neutral als Luboszyce- oder Lebus-Lausitzer-Kultur geführt. Während das nördliche Mittelodergebiet bereits seit dem 1. Jh. vor Chr. kontinuierlich besiedelt war, werden die südlich anschließenden Regionen erst im späten 2. Jh. n. Chr. aufgesiedelt. Bereits ab der Mitte des 3. Jh. n. Chr. zeichnet sich jedoch bereits wieder eine Siedlungsausdünnung ab, die eine Abwanderung der Bevölkerung vermuten lässt. Ab dem 5. Jh. dringen von Westen elbgermanische Gruppen in das weit gehend entsiedelte Gebiet vor, die dem expandierenden Thüringerreich zugerechnet werden. Sie unterschieden sich in Bestattungsweise und Fibelmode von der Vorbevölkerung. Denn im Unterschied zu den Urnenbestattungen der Elbgermanen beerdigten die Germanen des Odergebietes ihre Toten mehrheitlich in schlichten Brandgrubengräbern. Körperbestattungen wurden vor Ende des 4. Jh. daneben nur selten angelegt, wie auch die Beigabe von Waffen eher zu den Ausnahmen zählt. Umso auffälliger ist eine Gruppe von Brandgräbern im Gebiet zwischen Elbe und Oder, die während des 3. bis 4. Jh. durch die Beigabe von Schwertern gekennzeichnet werden. Die in der älteren Forschung hingegen für burgundische Kriegergräber in Anspruch genom-

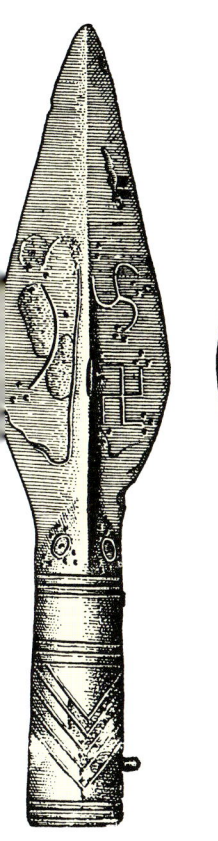

iserne runenverzierte anzenspitze von Münheberg-Dahmsdorf in randenburg.

mene Beigabenkombination Axt und Pfeilspitzen wird auch bei südlich und westlich benachbarten Stämmen praktiziert. Ebenso lassen Trachtbestandteile, Keramikformen sowie Siedlungsweise Gemeinsamkeiten mit den Nachbargebieten im Osten und Westen erkennen. So bleiben die Burgunder während ihrer Siedlungsphase im mittleren Odergebiet für Historiker wie Archäologen noch heute ebenso wenig greifbar wie ihre Zuweisung zu den Ostgermanen durch die Germanisten des 19. Jh.

Zwischen Rom und den Alamannen

Erst mit Umsiedlung ins Limesvorland gerät der Stamm ins Blickfeld des unmittelbaren römischen Interesses und die Geschichtsschreiber wissen nun häufiger von ihm zu berichten. Um das Jahr 278 gelingt es Kaiser Probus, ins Reichsgebiet eingedrungene Scharen von Burgundern und Vandalen zurückzuschlagen. Doch bereits wenige Jahre später werden in einer 289 vor Kaiser Maximian gehaltenen Lobrede abermals Burgunder erwähnt, die mit Chaibonen und Herulern nach Gallien eingefallen waren. In diesem Kontext fällt auch die erste Erwähnung der Alamannen in römischen Quellen und es dürfte kein Zufall sein, dass hier eine differenzierte Wahrnehmung der nach der Rücknahme des Limes auf den Rhein um 260/270 ins rechtsrheinische Gebiet nachrückenden Germanenstämme einsetzt. In der Folge sollten diese innergermanischen Unterschiede von der römischen Außenpolitik aktiv genutzt werden. Dass Burgunder sich nun dauerhaft in der Nähe der Reichsgrenze niedergelassen haben, erwähnt derselbe Redner zwei Jahre später, wo er erstmalig von Gebietsstreitigkeiten zwischen ihnen und den Alamannen zu berichten weiß. In einer anonym verfassten Völkertafel des 4. Jh. werden »Burgunziones« zwischen den Alamannen und den im heutigen Hessen siedelnden Chatten aufgeführt. Abermals nennt der römische Geschichtsschreiber Ammianus Marcellinus zum Jahr 359 Konflikte zwischen Alamannen und Burgundern um Salzquellen, die im Raum zwischen Fränkischer Saale und dem Neckar-Jagst-Gebiet lokalisiert werden müssen. Bei seinem Feldzug gegen die Alamannen erreicht Kaiser Julian im gleichen Jahr die Region der äußersten Grenzsteine des ehemals römischen Gebietes rechts des Rheins, die nunmehr die Grenze des burgundischen Stammesgebietes markierten. Ihr Siedlungs- und Einflussbereich muss sich demnach zu diesem Zeitpunkt über den mainfränkischen Raum bis ins Tauber- und Jagstgebiet erstreckt haben. Als Nachbarn im Rücken der wiederholt die Reichsgrenze bedrohenden Alamannen rückten die Burgunder ins Interesse der römischen Diplomatie. Für 369/70 wird ein gemeinsamer Feldzug gegen die Alamannen verabredet. Angesichts der bedrohlichen Anzahl von 80 000 Kriegern, mit denen die Burgunder zum Treffpunkt am Rhein erschienen, sah Kaiser Valentinian jedoch erschreckt von diesem Vorhaben ab. Es wäre aber verfehlt, aus diesen Zahlen auf die Stammesgröße schließen zu wollen. Abgesehen von der in antiken Quellen häufigen Übertreibung muss wohl von einem von Burgundern geführten Verband heterogener Stammesteile ausgegangen werden, den die Aussicht auf Beute zusammenführte.

Gegen eine dichte Besiedlung Mainfrankens spricht derzeit auch der archäologische Befund. Wie bereits im Odergebiet zeichnen sich in der Fundverbreitungskarte einzelne, durch Wald und Mittelgebirge getrennte Siedlungskammern ab. Größere Gräberfelder der römischen Kaiserzeit sind mit Altendorf am Obermain, Kleinlangheim in der Mittelmainregion und Kahl aus dem Untermaingebiet nur in geringer Anzahl bekannt. Zwar begegnen hier wie auch in Lampertheim am Rhein vermehrt Brandgrubengräber, doch wurden sie synchron mit Urnen- und Körperbestattungen angelegt. Eventuell lässt sich dieser Vorgang mit einer Überschichtung der im mainfränkischen Raum siedelnden elbgermanischen Bevölkerung erklären, wie angesichts seit der Zeitenwende kontinuierlich belegter Gräberfelder wie Altendorf und Kleinlangheim anzunehmen ist. Gleiches lässt sich an den germanischen Siedlungen der Region beobachten. So wurde der einzige großflächig untersuchte Siedlungsplatz von Gaukönigshofen gleichfalls bis in die Völkerwanderungszeit bewohnt. Neben den uns wenig bekannten dörflichen Siedlungen tritt mit burgartigen Höhensiedlungen ab dem fortgeschrittenen 4. Jh. eine Innovation im germanischen Siedlungswesen auf. So errichtete eine nach den zahlreich geborgenen Waffen- und Militärgürtelteilen recht wehrhafte Gemeinschaft kurz vor 400 in der Mainschleife bei Urphar eine 400 × 40 m umschließende Befestigung. Der Höhenrücken am Südostrand des Spessart trägt heute den mindes-

Luftbild der Mainschleife bei Urphar. Die Wallreste der Wettenburg liegen an der schmalsten Stelle des Höhenrückens.

tens auf das Frühmittelalter zurückgehenden Flurnamen Wettenburg. Seine steilen Hangflanken schützte eine terrassenartig hinterschüttete, zwei Meter breite Trockenmauer, während an den leichter zugänglichen Nord- und Südseiten sechs Meter dicke Wallanlagen aus Stein, Holz und Erde mit vorgelagerten Sohlgräben aufgeführt worden waren. Befestigungstechnik wie Grundidee für diese abgehobene Siedlungsform waren aus dem Gebiet der römischen Provinzen übernommen, wo sich angesichts äußerer Bedrohung durch germanische Einfälle und innerer Auseinandersetzungen wie Bürgerkriegen und sozialen Unruhen reiche Grundbesitzer und ganze Gemeinwesen auf befestigte Höhen zurückzogen. Auch das Fundspektrum der Wettenburg zeugt von engen Kontakten seiner Bewohner ins Reichsgebiet. Die große Zahl römischer Haushaltskeramik, mehrere Münzfunde und römische Trachtbestandteile wie Werkzeuge belegen den Zugang zu römischen Märkten. Zu den qualitätvollen Funden der Wettenburg zählen silberne Blechfibeln mit Feuervergoldung und Punzverzierung, die nach ihrem gehäuften Vorkommen an der Mainmündung als Typ Wiesbaden bezeichnet werden. Zwar ist dieser Fibeltyp der ersten Hälfte des 5. Jh. nicht allein auf Ostgermanen oder speziell Burgunder zu beschränken, doch zeigt seine Verbreitung, dass er zumindest von Alamannen

nicht getragen wurde. In Zusammenschau mit den historischen Quellen ist das Auftreten dieser Blechfibeln daher geeignet, beide Stammesgebiete gegeneinander abzugrenzen. Das gehäufte Auftreten dieses Typs im ursprünglich alamannisch besiedelten Vorfeld des römischen Mainz illustriert das räumliche Ausgreifen des burgundischen Stammesverbandes bis an die Reichsgrenze. Weiterentwicklungen dieses Fibeltyps, die ab der Mitte des 5. Jh. nicht mehr aus Blech gefertigt, sondern gegossen wurden, treten wohl nicht zufällig im Mainmündungsgebiet ebenso wie am Genfer See auf.

Machthöhepunkt und Untergang

Nachdem eine Stammeskoalition aus Vandalen, Alanen und Sueben in der Silvesternacht 406/407 den zugefrorenen Rhein bei Mainz überschreiten und die römische Grenzverteidigung ausschalten konnte, stießen die Burgunder in das verbliebene Machtvakuum nach und dehnten ihren Macht- und wohl auch Siedlungsbereich nun auch auf linksrheinisches Gebiet aus. Obwohl keinerlei historische noch archäologi-

Kastell Alzey Phase II. Die unrömisch anmutenden Fachwerkbauten werden mit einer burgundischen Besatzung in Verbindung gebracht.

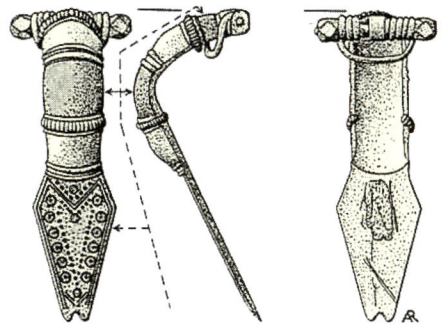

sche Quellen dies zu stützen vermögen, wird unter Berufung auf das Nibelungenlied die Mittelrheinregion um Worms als das neue Zentrum der burgundischen Herrschaft angesehen. Einzig die Chronik des Prosper von Aquitanien überliefert zum Jahre 413, dass Burgunder nun einen an den Rhein grenzenden Teil Galliens innehätten. Die römischen Heermeister waren gezwungen sie ebenso wie bereits rheinabwärts die Franken als Föderaten in das Bewegungsheer, den comitatenses, einzubinden. König Gundahar und seine burgundischen Krieger wurden damit auch zu einem innenpolitisch bedeutsamen Faktor, illustriert etwa durch ihre tragende Rolle bei der Erhebung des Gegenkaisers Jovinus im Jahre 411. Allerdings waren wohl Teile des Stammes in den Siedlungsgebieten am Main verblieben, wo sie sich um 430 einer neuen Gefahr ausgesetzt sahen: den nach Westen vordringenden Hunnen. Vielleicht setzte diese Bedrohung Ereignisse in Gang, die Gundahar (der Gunther des Nibelungenepos) letztlich dazu brach-

ten, 435 in die benachbarte Provinz Belgica I einzufallen. Im Bündnis mit dem römischen Heermeister Aëtius bereitete daraufhin ein hunnisches Kontingent 436 den Burgundern die legendenbildende Niederlage, von der gleich vier spätantike Quellen literarisches Zeugnis ablegen. Der die Katastrophe (nach einer Quelle fanden 20 000 Burgunder den Tod) überlebende Bevölkerungsrest aus dem linksrheinischen Stammesgebiet wurde 438 in die Sapaudia umgesiedelt, während Reste des Stammes an Rhein und Main verblieben. Noch um 500 folgten Spätaussiedler ins Burgunderreich um Lyon nach.

Eindeutige burgundische Siedlungs- oder Grabplätze kennt indes auch die Mittelrheinregion nicht. Die stellenweise in Anspruch genommenen ostgermanischen Trachtbestandteile zeigen eher reiternomadisch geprägte Bezüge in den Donauraum auf. Unrömisch anmutende Fachwerkbauten und ein vorgelagerter Sohlgraben vergleichbar dem der Wettenburg werden im Kastell Alzey mit einer burgundischen Besatzung in Verbindung gebracht, während in Worms bislang nur die Reste der völkerwanderungszeitlichen Festungsmauer aufgedeckt werden konnten. Wie die Funde der Wettenburg zeigten, waren ihre Bewohner bereits um oder kurz nach 400 zu einem großen Teil romanisiert, sodass nicht verwundert, wenn auch die Mittelrheinregion kein ethnisch deutbares Verbreitungsbild erkennen lässt. Im Zuge dieses Akkulturationsprozesses bekannten sich bereits seit der zweiten Hälfte des 4. Jh. die ersten Burgunder zum Christentum arianischer Prägung.

Von der multikulturellen Gesellschaft zum staatstragenden Volk

VON RETO MARTI

Der dramatische Untergang des Burgunderreichs am Rhein schuf Raum für neue Lösungen im krisengeplagten Gallien des mittleren 5. Jh. Dessen Gefüge drohte nicht nur durch den Druck der Hunnen im Osten auseinander zu brechen. Im Süden waren die Goten gefährlich eigenmächtig geworden, die bereits 418 im Tal der Garonne, im Raum zwischen Toulouse und Bordeaux angesiedelt worden waren und nun Narbonne zu nehmen versuchten, das Tor zum Mittelmeerraum. Aber auch aus dem Innern drohte Gefahr in Form gewalttätiger sozialer Unruhen: Erst 435 hatte der römische Heermeister Aëtius, der die Geschicke Galliens damals dirigierte, einen gefährlichen Bagaudenaufstand in der Aremorica niedergeworfen. So genannte Bagauden, sozial Benachteiligte aus Unterschicht und Mittelstand, die dem Steuerdruck des spätantiken Staates nicht mehr gewachsen waren, bedrohten im 5. Jh. vielerorts die Souveränität des Staates und der landbesitzenden Oberschicht. 454 sollten auch Westgoten in Spanien – in römischem Auftrag – mit größter Härte gegen Bagauden vorgehen.

»Die *Sapaudia* wurde den Resten der Burgunder übergeben, die sie mit den Einheimischen zu teilen hatten.« Dieser knappe Eintrag in der »Gallischen Chronik von 452« ist die einzige Quelle, die erläutert, was nach der Niederlage von 436 und dem Jahr 451, als die Burgunden an Aëtius' Seite an der Schlacht auf den Katalaunischen Feldern teilnahmen, geschehen war. Der Eintrag erfolgte unter dem Jahr 443. Untersuchungen haben aber gezeigt, dass mehrere Einträge in der nachweislich fehlerhaften Chronik verschoben sind – Fehler wohl vom Abschreiben der erst in einer Kopie des 9./10. Jh. erhaltenen Chronik. Der Eintrag dürfte ins Jahr 438 gehören, was den allzu langen Zeitraum von sieben Jahren zwischen Niederlage und Ansiedlung auf ein plausibles Maß verkürzen würde. Umgekehrt waren zwei Jahre sicher nötig, um das neue Konzept, das sich aus der Niederlage von 436 ergeben hatte, gegenüber den Großen der *Sapaudia* politisch durchsetzen zu können. Dieser Konsens war nötig und zeigt sich explizit in einer Nachricht Bischof Marius' von Avenches, der die weitere Expansion des Burgunderreichs in Richtung Rhônetal

beschrieb: Im Jahre 457 hätten die Burgunder einen Teil Galliens annektiert und die Ländereien (*terras*) mit den gallischen Senatoren geteilt.

Um zu verstehen, unter welchen Vorzeichen die Ansiedlung der Burgunder erfolgte, ist ein kurzer Rückblick nötig. 398 hatte Kaiser Arcadius ein Notgesetz verabschiedet, das unter dem – reichlich beschönigenden – Begriff der *hospitalitas* (Gastfreundschaft) die Ansiedlung von Truppen regelte. In jeder Stadt, die Truppen aufnahm, mussten die Hausbesitzer ein Drittel ihrer Räumlichkeiten an das Militär, die »Gäste«, abtreten. Damit war zwar die Unterkunft, nicht aber der Lebensunterhalt der Truppen gesichert. Dies reichte für die Germanenheere, die dauerhaft irgendwo angesiedelt werden sollten, nicht aus. Die Nachricht, dass die Burgunder Ländereien mit dem gallischen Senatorialadel geteilt hätten, weist den Weg zur Lösung des Problems. Ob es dabei effektiv um die Enteignung von Grundbesitz ging oder nur um Steuereinkünfte daraus, ist umstritten. Um 500 sprach das Gesetz den Burgundern – beziehungsweise ihren Königen und Großen – jedenfalls ⅓ der Abhängigen und ⅔ des Ackerlandes (bzw. entsprechende Anteile an Kopf- und Grundsteuer) zu. Da im spätrömischen Staat ⅓ des Steuereinkommens für das Heer, ⅓ für die Zentralbehörden und ⅓ für die kuriale Selbstverwaltung vorgesehen waren, lässt sich der Aufgabenbereich der neuen Machthaber ungefähr umreißen: Neben dem Drittel für den Unterhalt ihres Heeres mussten sie zusehends auch die Aufgaben der Zentralbehörden übernehmen beziehungsweise – unter Mithilfe Roms – eine solche erst wieder aufbauen.

Die Burgunder hatten in erster Linie also den unbeliebten Militärdienst zu übernehmen. Wäre bei ihrer Ansiedlung wirklich die Abwehr der Alamannen im Vordergrund gestanden, wie wiederholt vermutet, so hätten sie an die Grenzen zur Alamannia, an den Hochrhein und in die Burgunderpforte verlegt werden müssen. Sie wurden aber – wie zuvor die Westgoten – im Innern des Reichs angesiedelt, in einer nach wie vor dicht bevölkerten, wirtschaftlich offenbar noch weitgehend intakten Region um Genfer- und Neuenburgersee.

Im Vordergrund dürfte deshalb die innere Sicherheit gestanden haben und damit der für Gallien lebenswichtige Schutz der Verkehrsverbindungen nach Südfrankreich und Italien. In dieses Bild passt, dass Aëtius bereits ein Jahr vor den Burgundern, vermutlich also 437, unter gleichen Bedingungen Alanen in der *Gallia ulterior* angesiedelt hatte – wohl um die aufrührerische Aremorica unter Kontrolle zu halten. Und um 440 übertrug er einer zweiten Alanengruppe Land um Valence.

Geduldet, willkommen, geliebt?

Die offenbar verheerende Niederlage von 436 gegen die Allianz von Römern und Hunnen führte zu einem Neubeginn des Burgunderreichs, verbunden mit einer ungewöhnlichen Erfolgsgeschichte. Vermutlich war es gerade die Position der Schwäche, die zu einer engen Kooperation der burgundischen Großen mit dem gallorömischen Senatorialadel führte oder eben zwang. Das Königreich kam so rasch zu neuer Blüte. Der gebürtige Lyoner Sidonius Apollinaris, seit 470 Bischof von Clermont, mochte zwar die Nase rümpfen ob der grobschlächtigen Barbarengestalten: Allein schon deren Ausdünstungen von Knoblauch, Zwiebeln und der ranzigen Butter, mit der sie ihr Haar salbten, ließen den Römer erschauern. Aber auch der Zartfühlende sah ein, dass die burgundische Königsfamilie zu den »mildesten und humansten Barbaren« gehöre, unter denen Gallien bisher gelitten habe. Manch steuerpflichtiger und staatsmüder Römer zog die von den Burgundern etablierte *law and order* der »wahn-

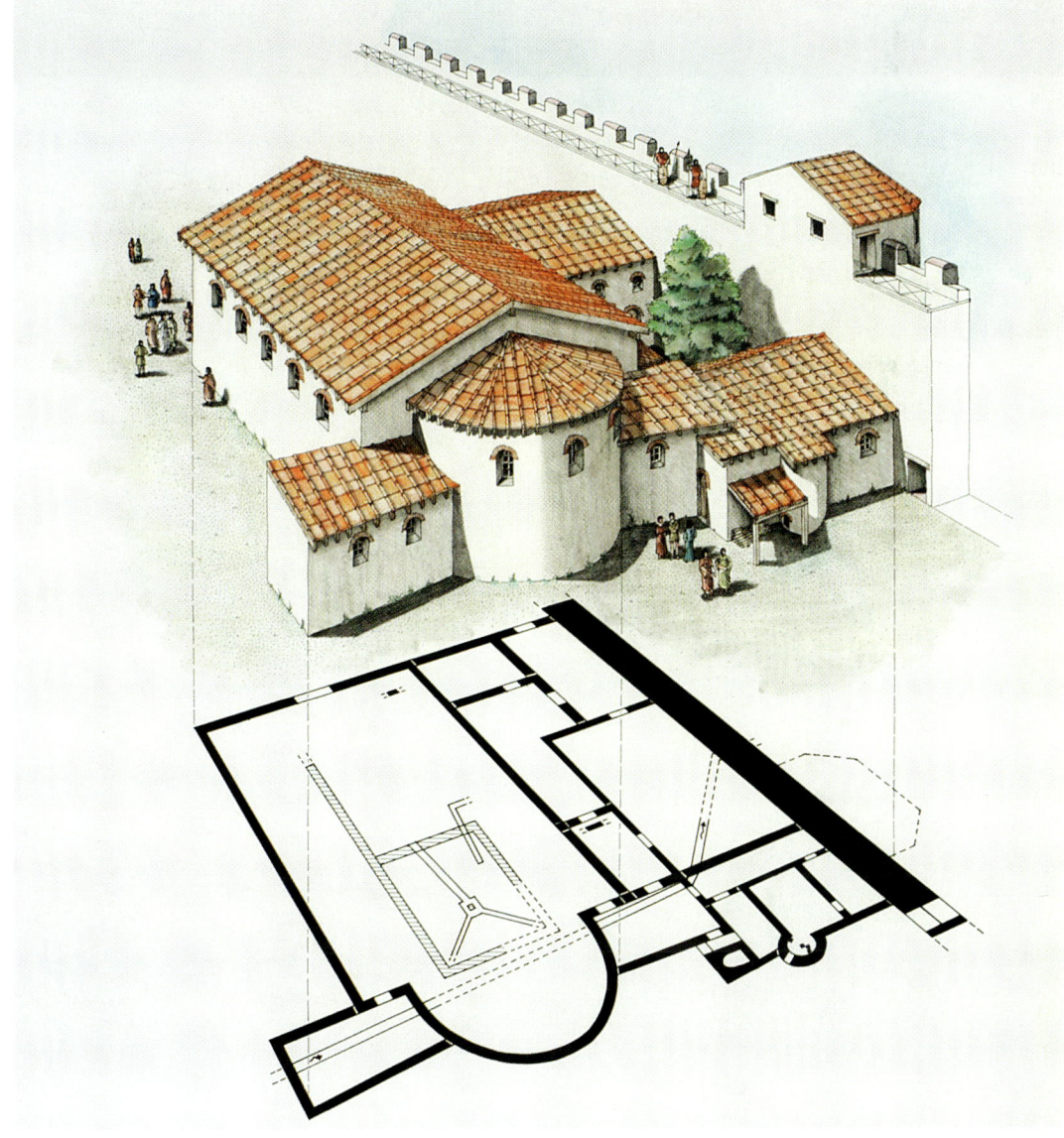

...leiner Bistumssitz am ...hein: Die in den 1960er- ...hren ausgegrabenen Ge- ...äude um die Bischofskir- ...he des *Castrum Rauracense* ...aiseraugst, Kt. Aargau) ...uten im Vergleich etwa ...um beeindruckenden Ka- ...hedralkomplex von Genf ...escheiden an. Die Unter- ...hiede deuten auf eine ...escheidenere wirtschaft- ...che Dynamik am Hoch- ...ein.

Aus einem Frauengrab von St-Sulpice am Genfersee (Kt. Waadt) stammen das Fragment eines östlichen Ösenspiegels, ein silberner Fingerring, zwei kleine silberne und feuervergoldete Bügelfibeln, eine Glasperle und eine große Amulett-Bernsteinperle. Die Fundlage der Beigaben lässt auf westgermanische Trageweise schließen.

sinnigen Ungerechtigkeit« der eigenen Landsleute vor, der Willkür und Rechtsunsicherheit, die im auseinander brechenden Gallien drohten.

Erstes Zentrum des neuen Reichs war Genf, neueren Hypothesen zufolge das Zentrum der *Sapaudia* – eine Hypothese, die nicht zuletzt unter dem Eindruck der archäologischen Funde entstand. Demnach wäre die *Sapaudia* Ende des 4. Jh. als administrative Größe geschaffen worden und hätte sich auf Kosten der westschweizerischen *Civitates* Nyon und Avenches weit nach Osten ausgedehnt, womöglich bis an die Grenze der ehemaligen Provinz *Maxima Sequanorum* am Hochrhein.

Die Burgunder nutzten die Wirren nach dem Tod Kaiser Avitus' und dehnten ihren Herrschaftsbereich in Richtung Lyon aus. Sowohl König Gundowech als auch sein Bruder Chilperich waren zwischen 460 und 470 *magistri militum Galliarum*, oberste Feldherren der gallischen Armee. 467 überlegte sich der römische Präfekt in Arles bereits, ob es nicht am besten sei, Gallien zwischen Burgundern und Westgoten aufzuteilen, so mächtig erschienen ihm deren Herrscher. König Gundobad (480–516) hatte nach 470 als Prinz in Italien in römischen Diensten gestanden, zunächst ebenfalls als Heermeister, dann mit dem höchsten kaiserlichen Ehrentitel, als *Patricius*. In vielem zeigt sich das Bestreben, das einstige *Imperium romanum* so gut wie möglich weiterzuführen. Bis um 500 waren rund 32 *Civitates* in den Provinzen Lugdunensis I, der nördlichen Viennensis, der Narbonensis II, den Al-pes Graiae sowie den Alpes maritimae nördlich der Durance unter burgundischer Aufsicht. In Lyon und Vienne entstanden weitere Residenzstädte.

Die Konkurrenz zu den West- und später den Ostgoten brachte die Expansion, die den Zugang zum Mittelmeerraum suchte, an der Durance schließlich zum Stillstand. Sigismund, seit etwa 505 König und 516 alleiniger Nachfolger Gundobads, suchte zwischen den expandierenden Franken und dem vereinigten gotischen Großreich Anlehnung bei Byzanz. Auch er wurde *Patricius* und Heermeister, betonte den Föderatenstatus seines Reiches. Sein Nachfolger Godomar (524–534) aber musste aufgeben: 534 zogen die Merowingerkönige Childebert, Chlotar und Theudebert mit vereinten Kräften gegen Burgund, belagerten Autun und nahmen nach der Flucht des Königs das ganze Reich in Besitz. Dies war das Ende des eigenständigen Königreichs. Der Name Burgund sollte aber noch Jahrhunderte lang für mächtige Reiche unterschiedlichster Couleur stehen.

Multikulturelle Gesellschaft

Der historischen Überlieferung hat die archäologische Forschung wenig Eindeutiges entgegenzuhalten. Vieles liegt in der generellen Problematik begründet, archäologische Funde ethnisch zu interpretieren. Der Fall der Burgunder ist aber besonders schwierig, weil sich dieser ostgermanische

Stamm sehr früh nach Westen gewandt und dabei offenbar nie eine wirklich eigenständige Sachkultur entwickelt hat. Zeugnisse eines spezifisch burgundischen Handwerks sind kaum zu erkennen. So fehlen der burgundischen Oberschicht etwa eigene Bügelfibel-Formen, die für andere Gruppen so charakteristisch sind – wohl nicht zuletzt, weil sich die Bügelfibeltracht im Westen erst im mittleren 5. Jh. herauszubilden begann, als das Schicksal der Burgunder bereits stark von äußeren Einflüssen bestimmt wurde.

Vor der Umsiedlung in die *Sapaudia* sind die Burgunder mit extrem unterschiedlichen Kulturen in Berührung gekommen: der reiternomadischen der Hunnen, der westgermanischen der Alamannen und Franken und nicht zuletzt der römischen. Alle haben auf sie eingewirkt. Zudem dürften sich im Krieg entwurzelte fremde Personengruppen dem verheißungsvollen Zug nach Süden angeschlossen haben. Diese Umstände machen den Nachweis von Burgundern in der *Sapaudia* besonders schwierig. Was kann als burgundisch gelten, was nicht? Ginge man vom Bild einer ethnisch geschlossenen Gruppe aus, so erhielten bloß ostgermanische Funde mit Verbindungen zu den burgundischen Herkunftsgebieten dieses Etikett. Akzeptiert man aber, dass auch Mitläufer anderer Ethnien mit ihrem Zug in die *Sapaudia* zu »Burgundern« wurden, erweitert sich das Spektrum so stark, dass es schwierig wird, Grenzen zu finden.

Schon früh wurden Relikte als »burgundisch« erkannt, die aus dem Umfeld der reiternomadi-schen Kultur stammen: kleine verdickte Goldohrringe der Männertracht, Zikadenfibeln oder Ösenspiegel sarmatischen Vorbilds. Letztere haben wohl im Schamanismus Verwendung gefunden und sind im Totenbrauch zuweilen absichtlich zerschlagen worden. Das Fragment eines solchen Spiegels fand sich am Amulettgehänge eines in St-Sulpice am Genfersee entdeckten Frauengrabes, ein weiterer im Gräberfeld Zürich-Bäckerstrasse. Russisch-ukrainischer, wenn auch nicht zwingend reiternomadischer Herkunft sind zwei silberne Gürtelgarnituren aus Gräbern von Lyon, St-Just und der Kastellnekropole von *Vindonissa* an der unteren Aare, denen ein einzelnes Gürtelelement aus St-Sulpice zur Seite zu stellen ist. Die gemeinhin noch in die erste Hälfte des 5. Jh. datierten Gürtel könnten Söldnern gehört haben, die bald nach 438 verstorben sind.

Ein weiteres reiternomadisches Element sind künstliche Schädeldeformationen. Die Sitte, den Schädel von Kleinkindern so zu bandagieren, dass er turmartig in die Höhe wächst, etablierte sich nur kurze Zeit im westlichen Europa, als die Hunnen nach Gallien drängten. Deformationen dieser Art finden sich sowohl an mongoliden wie europiden Schädeln beiderlei Geschlechts. Dennoch ist nicht davon auszugehen, dass die Burgunder selbst diesem eigentümlichen Schönheitsideal frönten. Auch in größeren Gräberfeldern finden sich jeweils nur einzelne Belege. Andererseits ist das Merkmal wertvoll, weil es als Einziges nicht von der Grabbeigabensitte abhängt. Die gehäuften Vor-

eltener Gürtel: Aus der astellnekropole von *Vindoissa* (Windisch, Kt. Aargau) t ausnahmsweise eine ürtelgarnitur aus einem Männergrab überliefert. Ist er Gürtel des 5. Jh., der in en ukrainisch-russischen aum weist, mit den Burundern der *Sapaudia* in erbindung zu bringen?

kommen in der Westschweiz und angrenzenden Gebieten dürften von Personen aus dem reiternomadischen Umfeld stammen, die ihre »Behandlung« noch vor 438 erfahren haben.

Die in der *Sapaudia* gefundenen Bügelfibeln bezeugen einen regen Austausch mit westgermanischen Gruppen, wohl insbesondere Alamannen. Dies erstaunt wenig, lebten die Burgunder doch zu einer Zeit am Rhein, als sich die Bügelfibeltracht erst herauszubilden begann. Die in St-Sulpice gefundenen Kerbschnitt-Bügelfibeln haben zwar sehr enge Parallelen im benachbarten St-Prex und in Yverdon am Neuenburgersee, sie wurden aber nach westgermanischer Mode in der Beckengegend getragen, wo sie vielleicht an einer Art Schärpe befestigt waren. Jüngere Fibeln ähnlichen Typs waren zudem fast ausschließlich in der Alamannia verbreitet. Auch frühe Dreiknopf-Bügelfibeln der *Sapaudia* mit stark stilisiertem Tierkopf-Fuß würden in alamannischem Kontext nicht erstaunen, doch

weisen gerade hier Parallelen auf Verbindungen zum alten Burgunderreich im Rhein-Main-Gebiet.

Dass die Burgunder in der *Sapaudia* rasch örtliche Sitten annahmen, zeigt sich im Grabbrauch: Nach romanischem Vorbild blieben die Gräber beigabenlos. Nur einige Frauen der Oberschicht hielten eine Zeit lang an einem Begräbnis in standesgemäßer Tracht fest. Die vor 436 gelegentlich geübte Waffenbeigabe ist in der *Sapaudia* nicht mehr belegt: Die Männer wurden ohne Beigaben bestattet oder sind – da sie römische Kleidung trugen – archäologisch nicht mehr von Einheimischen zu trennen. Dass auch die burgundische Oberschicht zusehends beigabenlos bestattete, zeigen germanische Personennamen, die auf Inschriften aus vorfränkischer Zeit überliefert sind. Wir verdanken sie dem romanischen Brauch, die Gräber obertägig mit Inschriften zu markieren. Sie sind gerade dort verbreitet, in den zentralsten Zonen entlang der Rhone, wo Beigaben führende burgundische Gräber fehlen.

Wo bleibt unter all diesen Fremdeinflüssen das spezifisch Burgundisch-Ostgermanische? Spuren finden sich – quellenbedingt – nur in der Frauentracht der gehobenen Bevölkerungsschicht. Eine der Eigenheiten ostgermanischer Frauentracht ist der Peplos, ein altertümliches Gewand, das sich bei den Ostgermanen länger hielt als etwa bei Franken oder Alamannen. Bei den Goten Galliens ist dieses schlauchförmig genähte Gewand, das auf jeder Schulter mit einer Bügelfibel verschlossen wurde, bis ins 6. Jh. belegt. Und auch in der burgundischen Damenwelt war diese Mode nicht völlig vergessen gegangen. Belege hierfür finden sich wiederum in St-Sulpice und in Beaune, wohin die Burgunden wohl bald nach 457 vorstießen. An der Provenienz der in Beaune bestatteten Peplosträgerin besteht kaum ein Zweifel, denn ihr Kerbschnitt-Fibelpaar ist eng mit denjenigen aus St-Sulpice, St-Prex und Yverdon verwandt und besitzt ein gutes Gegenstück in Wiesbaden, also am Ort des alten Burgunderreichs. Hinzu kommt, dass der Schädel der Dame deformiert war.

Beispielhafte Integration

Nicht nur die von Marius von Avenches bezeugte enge Zusammenarbeit der Burgunder mit den gallorömischen Großen, sondern auch die unter Gundobad und Sigismund niedergeschriebene burgundische Gesetzgebung illustriert die Bestrebungen, die Grenzen zwischen Romanen und Bur-

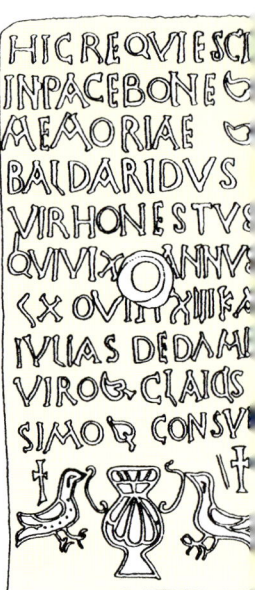

Römischer Grabbrauch, in Stein gehauene Gedenkschrift für die Ewigkeit: lateinische Grabinschriften mit dem germanischem Namen »BALDARIDVS« (gest. 487) aus Briord (Ain)

Altmodisches Gewand: Die Fundlage der Bügelfibeln von St-Sulpice Grab 97 (vgl. Abb. rechts) an den Schultern zeigt, dass die Dame damit einen Peplos verschloss. Kleine silberne Pferdchenfibeln romanischer Machart dienten daneben als Mantelschließen

gundern zu überwinden. Wiederholt wird betont, Burgunder und Romanen sollten gleichermaßen behandelt werden, was sich auch in entsprechenden Wergeldvorstellungen äußerte. Mischehen waren erlaubt, Romanen zum Wehrdienst zugelassen. Die Annäherung war gegenseitig: Um 460 bekundeten einige Burgunder Hemmungen, vor einem römischen Adeligen in ihrer Muttersprache zu sprechen, aus Sorge, er könnte sie korrigieren…

Auch die archäologischen Funde zeigen, wie schnell die Integration der Burgunder erfolgte. Ihre Gräber kamen von Anfang an nicht isoliert, son-

dern in bereits bestehenden Friedhöfen der Einheimischen zu liegen. Dies weist darauf hin, dass schon die Neuankömmlinge in bestehende Siedlungsgemeinschaften aufgenommen wurden. Eine rasche Anpassung demonstriert auch der Grabbrauch, wo die Beigabenlosigkeit schnell zur Regel wurde und eine Oberschicht dazu überging, ihre Gräber mit – selbstredend lateinisch verfassten – Inschriften zu markieren. Und schließlich zeigt sich die Integration auch in den wenigen überlieferten handwerklichen Erzeugnissen: Nur die Bügelfibeln einer Einwanderergeneration wurden noch nach althergebrachter Weise in Silber gefertigt. Schon die ersten in der *Sapaudia* hergestellten Exemplare wurden nach letztlich mediterran-romanischem Geschmack aus Eisen hergestellt, kunstvoll tauschiert, mit Gold belegt und mit Granaten oder Glaseinlagen geschmückt. Doch auch dieses letzte germanische Trachtelement verlor sich rasch: Kleintierfibeln aus romanischen Werkstätten wurden Mode. Sie waren Mantel- oder Umhangverschluss, einige Germaninnen trugen sie versuchsweise aber auch anstelle der Bügelfibeln am Hauptgewand.

Außerhalb der Zeugnisse des Grabbrauchs, die sich fast ganz auf wenige Vertreterinnen einer Oberschicht beschränken, gibt es bisher keine Funde, die auf burgundische Präsenz hinweisen. In den wenigen bekannten Siedlungsbefunden der fraglichen Zeit äußert sich eine klare Kontinuität der einheimischen Bevölkerung, ohne jedes germanische Element. Keramik, Gläser, Handwerksgerät – alles beruhte auf althergebrachten gallorömischen Traditionen. Der Wandel im Siedlungswesen, der wie in anderen Regionen eine Zuwendung zum Holzbau und die Aufgabe der klassischen römischen *Villae rusticae* mit sich brachte, setzte schon im 3. und 4. Jh. ein und hatte nichts mit den Neuankömmlingen zu tun.

Wie im Falle anderer Stämme der Völkerwanderungszeit ist eine allmähliche Verschiebung des Burgunder-Begriffs zu konstatieren: Von einem im Laufe der Wanderungen stetig umgestalteten, multikulturellen Personenverband »barbarischer« Prägung um die Dynastien einiger weniger Herrscherfamilien hin zu einem territorial definierten Staatengebilde römischer Prägung, in dem die Burgunder und namentlich ihre Großen eine verschwindend kleine, aber in vielen Belangen Ton angebende Minderheit stellten. Die so beschaffene burgundische Identität ging auch im fränkischen Reich nicht verloren und hatte noch für Jahrhunderte Bestand.

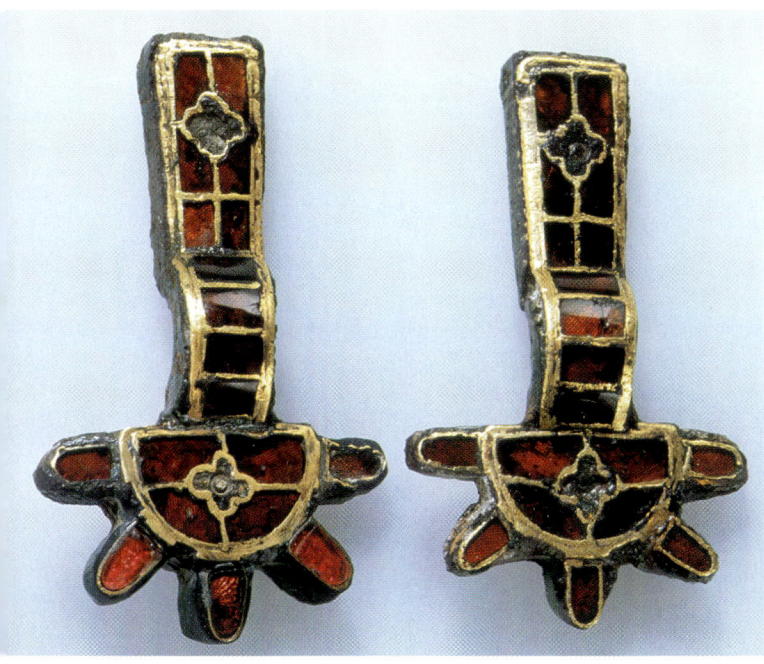

Germanischer Schmuck aus romanischer Hand: Mit Almandinen und Glaseinlagen verzierte, eiserne Bügelfibeln aus Frauengräbern von St-Prex und St-Sulpice (Kt. Waadt).

Romanen in Deutschland

Romanen, nicht Römer werden die Einheimischen in den Provinzen des spätrömischen Reiches genannt. Dies liegt vor allem daran, dass seit dem späteren 5. Jh. faktisch nur noch das Reich von Byzanz, also das Oströmische weiterexistierte. Im ehemals Weströmischen Reich gab es allerdings selbst in den Grenzprovinzen einheimische Romanen, Stadt- und Landbevölkerung, die mit den eindringenden oder herandrängenden germanischen Stammesverbänden direkt konfrontiert waren und dennoch nicht ihr Heil im Weggang bzw. der Flucht in andere, »sichere« Teile des Reichsgebietes suchten. Die etwas einseitige Beschäftigung der Archäologie mit dem Vordringen germanischer Stammesverbände ins Römische Reich und die darauf folgende Gründung von Königreichen auf römischem Gebiet hat den Blick für und auf diese schweigende Bevölkerungsmehrheit einseitig verstellt. Allein die schnelle Romanisierung vieler germanischer Gruppen wie der Burgunder zeigt, wie stark und nachhaltig die Wirkung der römischen Zivilisation einschließlich ihrer militärischen, verwaltungstechnischen und ökonomischen Strukturen war. Dies ist nicht denkbar ohne ein ausreichend großes Substrat oder Potenzial an einheimischen Trägern dieser Strukturen. Weiternutzung römischer Institutionen, Beibehaltung traditioneller Bestattungssitten und besonders Gebrauch der lateinischen Sprache sind Kriterien, mit denen man diesem Teil der Bevölkerung auf die Spur kommen kann.   M. K.

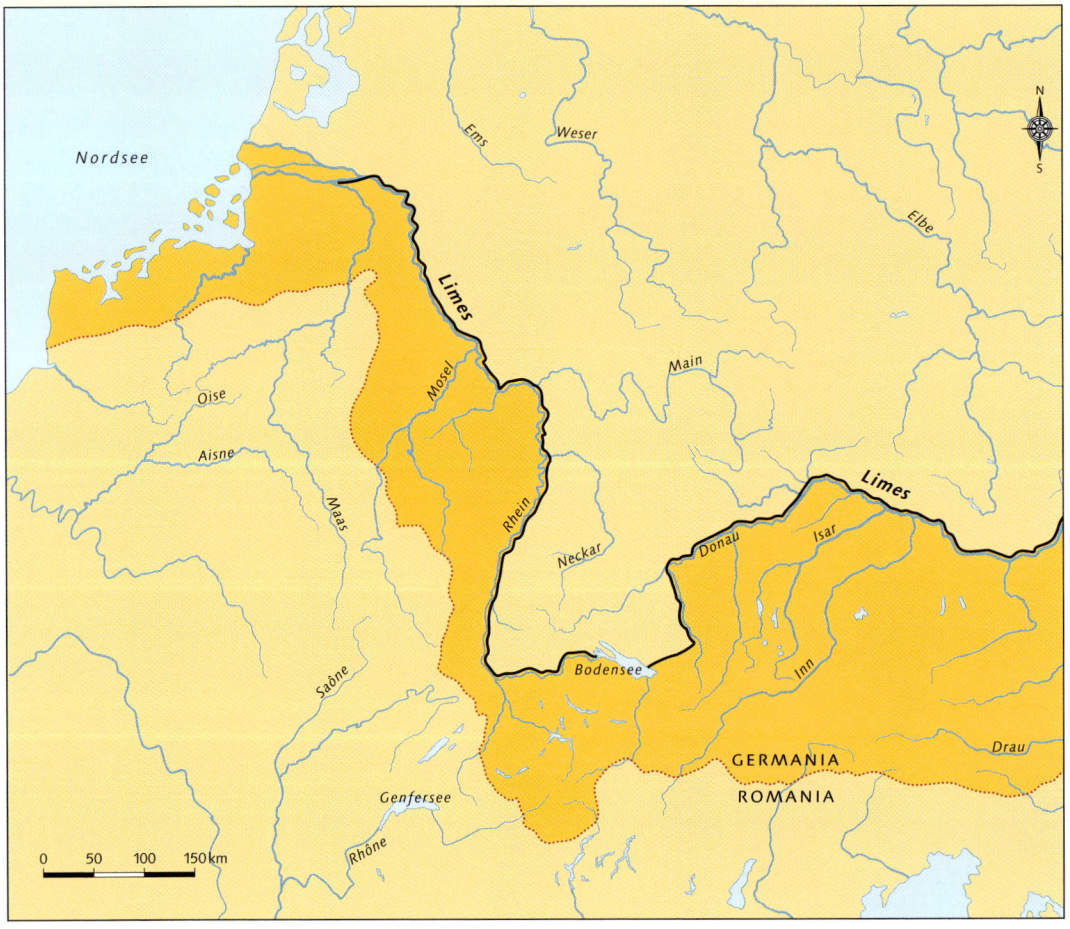

Die germanisch-romanische Sprachgrenze im Vergleich zum spätrömischen Rhein-Iller-Donau-Limes. In den Gebieten dazwischen hat während des frühen Mittelalters eine germanische Mehrheit die Romanen allmählich verdrängt.

Eine vergessene Minderheit

von Arno Rettner

Indigenae, *Provinciales* oder einfach *Romani* – so wurden im Frühmittelalter diejenigen Leute genannt, deren Vorfahren zur Bevölkerung des spätrömischen Reiches gehört hatten: die »Einheimischen«, »Provinzbewohner« oder eben »Romanen« (statt »Römer«, weil es nach 476 abgesehen von Byzanz faktisch kein Römisches Reich mehr gab). Von den Germanen hoben sich diese Romanen dadurch ab, dass sie an römischen Traditionen festhielten und als »Walchen« oder »Welsche« weiterhin ein verderbtes Spätlatein sprachen – am Bodensee immerhin bis nach 600, wie uns die Vita des Hl. Gallus überliefert. Ein Volk im streng ethnischen Sinne sind Romanen nie gewesen, dafür waren sie zu bunt zusammengewürfelt aus eingeborenen Kelten oder Germanen, »echten« Römern des italischen Südens (vor allem Militärs und ziviler Oberschicht) und sonstigen Gruppen, die während der Völkerwanderung, also nach 375, aus aller Herren Länder neu hinzukamen. Das ganze 5. Jh. hindurch und noch weit ins 6. Jh. hinein sorgte die christlich-römische Kultur dank ihrer vereinheitlichenden Kraft für Assimilation. Nach vorsichtiger Schätzung bildeten Romanen im merowingischen Reich der Franken mit einem Anteil von ca. 60 % die Mehrheit – eine schweigende Mehrheit aus archäologischer Sicht. Zahlreich sind zwar die verbalen Spuren, welche Romanen bis heute hinterlassen haben, ob in Sprachen wie dem Französischen oder Italienischen, in vielen deutschen Ortsnamen oder auch durch Errungenschaften wie »Mauer«, »Fenster« und »Straße«, die wir auf lateinische Art benennen. Dennoch fällt es schwer, Romanen auf deutschem Boden archäologisch nachzuweisen, obwohl hier manche Region noch jahrhundertelang zweisprachig geblieben ist, ähnlich wie das Elsass, das Engadin oder Südtirol heute.

Als Reiternomaden und Germanen während des 4. Jh. in Bewegung gerieten, soll auch die alteingesessene Bevölkerung in den römischen Provinzen zu wandern begonnen haben – genauer gesagt, abzuwandern nach Süden. So steht es zumindest in vielen Geschichtsbüchern, und man stützt sich dabei auf Vorgänge, wie sie etwa Eugippius in seiner Biografie des hl. Severin um 480 schildert. Dieses Szenario wird für viele Regionen entworfen, die einst am Rand des *Imperium Romanum* lagen – auch für die linksrheinischen Gebiete im heutigen Rheinland und Saarland sowie für Altbayern zwischen Iller, Donau und Alpenrand. Weite Landstriche sollen fast gänzlich entvölkert worden sein, bis die Germanen dort im Verlauf des 5. und 6. Jh. zur Ruhe gekommen seien. Heute wissen wir dank Sprachwissenschaft und Archäologie, dass solche Quellentexte nicht allzu wörtlich genommen werden dürfen. Namentlich in den großen Römerstädten sowie in den Kastellen an Rhein und Donau müssen zahlreiche »Provinzbewohner« sitzengeblieben sein, sonst hätten Ortsnamen wie Neuss, Köln, Bonn, Koblenz, Mainz, Augst, Konstanz, Bregenz, Augsburg oder Regensburg ihre lateinische Wurzel nicht bewahrt: »Alle vorgermanischen Namen auf heute deutschsprachigem Gebiet sind Zeugen einer gewissen Kontinuität romanischer Bevölkerung über die Zeit der so genannten Landnahme hinaus. Nirgendwo ist die Entlehnung eines vorgermanischen Namens … anders als durch einen wie auch immer gearteten Kontakt mit noch lebender galloromanischer Bevölkerung zu denken« (Haubrichs 1996, 568). Besonders eindrucksvoll sind Sprachzeugnisse aus dem Moselgebiet, wo sich Romanen, die vorwiegend Landwirtschaft und Weinbau betrieben, bis ins 10. Jh. halten konnten: Die *Mosella Romana*, eine romanische Sprachinsel inmitten einer Umgebung, welche bereits althochdeutsch sprach (Kleiber/Pfister 1992). Auch für Südbayern hat E. Schwarz schon vor Jahren anhand von Ortsnamen gezeigt, dass hier die

»Hunwulf aber befahl im Auftrag seines Bruders [Odoaker] allen Romanen nach Italien auszuwandern. Und wie aus dem Hause der ägyptischen Knechtschaft, so wurden damals alle Bewohner aus der tagtäglich sich wiederholenden Ausplünderung durch die Barbaren herausgeführt … Denselben Weg zogen mit uns alle Leute aus der Provinz [Noricum, heute Ostbayern/Österreich], die ihre Städte am Donauufer verließen und in allen möglichen Gegenden Italiens verschiedene Aufenthaltsorte zugeteilt erhielten.«

(Eugippius, Vita des hl. Severin [verfasst 511], Kap. 44,5 bzw. 44,7 zur Zeit um 488)

römische Besiedlung – vor allem entlang der weitergenutzten Römerstraßen – keineswegs um 400 abbrach, wie man lange angenommen hatte (Dopsch 1988). Überdies ist viel lateinisches Sprachgut ins Bayerische eingegangen, von »Busserl« und »Bretzen« über »Gspusi« und »Gurgel« bis hin zu »ratschen« und »tratzen«.

Hinzuweisen wäre daneben auf Persönlichkeiten romanischer Abstammung, die hohe Kirchenämter bekleideten und als Intellektuelle hervortraten. Das ganze 6. Jh. hindurch hielten sie den Kontakt nach Westen und Süden aufrecht: Nicetius von Trier, gebürtig aus Südwest-Gallien, amtierte als Bischof von 525/26 bis nach 566; er hat in Trier viel gebaut und dazu auch italienische Handwerker angeworben. Ebenfalls als Bauherr ist Sidonius von Mainz in Erinnerung geblieben, der dortige Bischof zwischen ca. 540/nach 580. Venantius Fortunatus (vor 540–um 600), einen studierten Dichter und späteren Bischof aus der Gegend um Treviso (Oberitalien), führte 565/66 eine lange Reise von Ravenna über die deutschen Römerstädte Augsburg, Mainz, Köln und Trier bis nach Tours. Schließlich beteiligten sich an der fränkischen Mission des 7. Jh. auch romanische Geistliche aus dem Westen, so etwa Abt Eustasius und Agrestius von Luxeuil, die in Bayern gewirkt haben (u. a. als mutmaßliche Gründer von Kloster Weltenburg an der Donau).

Warum tut sich nun die Archäologie mit alledem so schwer? Ein Grund besteht sicher darin,

»Der junge Mann, den ich zu euch geschickt habe, wurde in *Agrippinae* [Köln] mit seinen Angehörigen gefangen genommen; er trug früher einen großen Namen unter seinen Landsleuten, ist von guter Herkunft und stammt aus achtbarem Hause. Ich würde darüber vielleicht noch mehr sagen, wenn er nicht mein Verwandter wäre ... Dieser junge Mann also hat in *Agrippinae* [Köln] seine Mutter zurückgelassen, eine sittsame und angesehene Witwe ... Wie ich höre, befindet sie sich dort in einer so großen Not und bitterer Armut, dass sie weder bleiben noch fortgehen kann, weil alles fehlt, was sie zum Lebensunterhalt oder zur Flucht benötigen würde. Es bleibt ihr nur, ihren Lebensunterhalt durch Lohnarbeit zu bestreiten und sich bei den Frauen der Barbaren [Franken] zu verdingen. Mag sie auch durch die Barmherzigkeit Gottes von den Fesseln der Gefangenschaft befreit sein, da sie ja nicht mehr ihrer Stellung nach versklavt ist, so ist sie doch versklavt durch die Armut.«

(Salvianus von Marseille [um 400 – nach 470], Epistolae I, 5–6 [Brief von ca. 450 an eine Mönchsgemeinschaft, wahrscheinlich Lérins in Südfrankreich])

dass nördlich der Alpen scheinbar kaum eine römische Siedlung oder ein römisches Grab ins 5. Jh. zu datieren ist. Für die vorangegangene Zeit erfolgt die Datierung häufig durch kursierendes Kleingeld, das im Alltag leicht verloren ging oder gern auch den Toten in die Hand gedrückt worden ist. Um 400 aber brach an Rhein und Donau plötzlich die Zufuhr von neu geprägten römischen Kupfermünzen ab. Da wir so die späten Römer schon aus dem Auge verlieren, sind deren Nachkommen auf archäologischem Wege erst recht schwer zu fassen. Zudem werden typisch romanische Siedlungsspuren erst in jüngster Zeit richtig erkannt. Was Stadt-

Romanen in ihrer typischer Tracht: Miniatur aus dem Ashburnham-Pentateuch (Spanien, Südfrankreich oder Karthago, 7. Jh.).

planung, Baumaterial und Bauweise angeht, hatte schon in spätantiker Zeit ein Niedergang eingesetzt, weshalb sich sogar in den Städten Oberitaliens – einem römischen Kerngebiet – Nutz- und Wohnbauten des 4. bis 7. Jh. nur schwer nachweisen und interpretieren lassen; sie bestanden aus lehmgebundenen Mauern, wiederverwerteten Bausteinen (sog. Spolien) und Fachwerk. Für Köln hat man vermutet, spätrömische Häuser seien bis in karolingische Zeit weitergenutzt worden, und auch in Augsburg zeigte sich kürzlich, wie ein spätantiker Großbau südlich des Domes bis ins 7./8. Jh. mit einfachen Mitteln umgebaut worden ist – wohl von einer Bevölkerung, die im Herzen von *Augusta Vindelicum* ansässig geblieben war und vor den Toren der Stadt (heute: bei St. Ulrich und Afra) ihre Toten beigesetzt hat.

Dieses frühchristliche Gräberfeld führt uns, wie kaum ein zweites in Süddeutschland, einen spätrömisch-romanischen Friedhof in reinster Form vor Augen: Neben Hunderten von beigabenlosen Bestattungen enthielt gerade ein Zehntel einzelne

Trachtbestandteile (wie Nadeln, Ringschmuck und Gürtelschnallen), Münzen oder einen Kamm, Beigaben von offenbar christlich-symbolischem Charakter – aber keine Waffen, sieht man von wenigen Saxen (einschneidigen Hiebgeräten) ab. Außer in schmalen Erdgruben oder genagelten Holzsärgen ruhten Tote von höherem Rang in Sarkophagen und gemauerten Hypogäen (unterirdischen Gewölbekammern), nie jedoch in geräumigen Holzkammern fränkischen Typs. Man suchte die Nähe eines oder einer Heiligen, in diesem Falle der hl. Afra, und winkelte vielleicht aus religiösen Gründen manchen Verstorbenen die Unterarme über dem Becken an (Bakker/Fleps 2002).

Auf Friedhöfe dieser Art stößt man in vielen alten Römerstädten, so in Köln bei der Kirche St. Severin oder vor den Toren Triers um St. Matthias und St. Maximin herum. Dort kamen auch zahlreiche Grabsteine mit lateinischen Inschriften zutage, ein weiteres Merkmal, das auf spätrömisches Brauchtum zurückzuführen ist. An all diesen Orten wird der romanische Charakter der Begräbnisse nicht bestritten, zu offenkundig sind die Verbindungen zu den Zentren des Westens und Südens, etwa bis hin nach Lyon, Mailand oder Rom. Für diese Gebiete wissen wir inzwischen gut Bescheid, nach welch kurzer Zeit – rund ein bis zwei Generationen – zugewanderte Germanen, ob Goten, Burgunder oder Langobarden, ihren Grabbrauch bereits akkulturierten. Als politisch führende Minderheit gerieten sie dort unter den Einfluss einer überlegenen Zivilisation und verzichteten rasch auf ihre alten Trachten, Grabformen und reichhaltigen Grabausstattungen (Ament 1978; Bierbrauer 1996). Eigenartigerweise hat man bisher kaum den umgekehrten Fall verfolgt, obwohl seit längerem ein mustergültiges Exempel vorliegt, nämlich die Kastellnekropole von Kaiseraugst bei Basel (Martin 1976/1991): Wie verhielten sich Romanen diesseits der späteren germanisch-romanischen Sprachgrenze, also dort, wo sie auf ehemaligem Reichsboden zahlenmäßig zunehmend ins Hintertreffen gerieten gegenüber Franken, Alamannen und Bajuwaren?

Ein gutes Beispiel liefert der Lorenzberg bei Epfach am Lech, einem Ort, dessen Name sich von der spätrömischen Straßenstation *Abodiacum* auf der Anhöhe ableitet (Rettner 2002). Diese römische Siedlung an der *Via Claudia* wurde irgendwann im 5. Jh. oder gegen 500 zu Gunsten der Tallage verlassen, doch nutzte man den Berg weiterhin ohne Unterbrechung, und zwar als Begräbnisplatz, zunächst im Bereich der Lorenzkapelle und westlich davon. Der Ausgräber J. Werner hatte die Toten aufgrund der geografischen Situation als »Alamannen«

bezeichnet, doch spricht aus heutiger Sicht nichts dafür. Aus rund 100 Gräbern stammt weder eine typisch germanische Waffenkombination bestehend aus Spatha (zweischneidigem Langschwert), Schild und Lanze noch eine germanische Tracht mit Bügelfibeln, auch fanden sich weder Amulette noch Speisebeigaben oder alamannische Keramik. Stattdessen begegnen ähnliche Phänomene wie im genannten Beispiel aus Augsburg, wenn auch gleichsam verwässert: Viele beigabenlose Gräber oder solche mit Einzelbeigaben (zusammen etwa die Hälfte von allen), mehrere Fälle von angewinkelter Armlage, ab und zu eine Münze als Totenobolus, eine ungewöhnliche Mantelfibel wohl mediterraner Form und seltene Schnallen in der Frauentracht. Verarmt waren diese Leute keineswegs, denn manche konnten sich Anhänger und Ohrringe aus Gold leisten. Nach Lage der Dinge kann es sich nur um einen Friedhof von Romanen handeln, nämlich der Nachfahren des alten *Abodiacum*, die im 6. Jh. vermutlich noch Spätlatein sprachen. In einem ländlichen Umfeld, das nach und nach alamannisch und bajuwarisch aufgesiedelt wurde, vermochten sie ihre Eigenart und Tradition weniger unverfälscht zu behaupten als die Bewohner der Provinzhauptstadt Augsburg. Auch die Romanen vom Lorenzberg glichen sich einer wachsenden – diesmal germanischen – Mehrheit an, nun aber in Richtung des Kulturgefälles, indem sie nach »barbarischer« Sitte ihre Verstorbenen etwas reichhaltiger ausstatteten.

Nicht anders wird die Entwicklung an der Mosel und am Mittelrhein verlaufen sein, wo sich die

Grabstein des Mauricius (mit Christogramm zwischen Vögeln) aus Gondo Kr. Mayen-Koblenz, 5./6. J[..] In diesem Text mit Trierer Formular könnte der Nam[..] Mauricius auf nordafrika[..] sche Herkunft hinweisen. Die Zahlwörter »dodece« und »qarranta« entspreche[..] bereits späteren romanischen Formen (frz. *douze/ quarante* und ital. *dodici/ quaranta*).

»Der Herr eile dir zu Hilfe«
(Psalm 69,2): Das lateinische Bibelzitat auf dieser
Flemenzunge aus Biessen-
hofen-Ebenhofen im Ost-
allgäu zeigt exemplarisch,
wie frei man im mittleren
6. Jh. aus dem christlich-
romanischen Erbe schöpfte.

den Fingern zweier Hände lassen sich diejenigen abzählen, welche durch eine mehrteilige Waffenkombination (ohne irgendeine Spatha!), durch die Beigabe von Pferdegeschirr oder ausnahmsweise durch das Tragen von Bügelfibeln wie auch von Wadenbinden unverkennbar als Franke oder Fränkin ausgewiesen sind. Ihnen steht eine weitaus größere Zahl an Bestattungen von romanischem Charakter gegenüber: Erneut sind es viele beigabenlose Gräber oder solche mit nur einer einzelnen Beigabe, die darauf hindeuten, daneben genagelte Holzsärge oder eine Totenlage mit verschränkten Unterarmen, vor allem aber über 40 Grabsteine. Einer dieser Grabsteine trug eine christliche Grabinschrift mit einem germanischen Frauennamen, doch besagt dies wenig, da die Romanen an der Mosel im Laufe der Zeit auch fränkische Namen vergaben – wie umgekehrt die Franken von den Romanen die Sitte des Grabsteins an sich übernahmen. So passten sich beide Volksgruppen allmählich einander an, bis materiell ununterscheidbar »ein Volk« der Franken entstand.

Archäologisch betrachtet, verlieren sich nach 600 die Spuren der Romanen in Deutschland. Damals hatten sie ihre Fertigkeiten, ihre Bildung, ihren Glauben und ihre Sprache den germanischen Stämmen bereits vermittelt. Auf diesem Fundament konnten die Karolinger im 8. Jh. aufbauen: Als in dieser Zeit erstmals von der »*theodisca lingua*«, der deutschen Volkssprache die Rede ist, begannen allmählich ein neues Bewusstsein und eine neue Wahrnehmung die vorausgegangene Vielfalt zu ersetzen – eine Vielfalt, die eben auch eine gewichtige romanische Komponente umfasst hatte.

Archäologie mit dem Nachweis von Romanen abmüht, obwohl man dank vielerlei Sprachzeugnisse sehr wohl um deren Existenz weiß (Ament 1992). Das Gräberfeld von Saffig im Moselmündungsgebiet zeigt beispielhaft, wie weit die Übernahme fränkischer Sitten und Gebräuche ab der Zeit um 550 gehen konnte. Das Fundmaterial aus rund 250 Gräbern gibt kaum etwas spezifisch Romanisches zu erkennen: Gürtelschnallen und –beschläge sind graviert oder tauschiert, wie es für die Region üblich ist, man findet Perlen, Gebrauchsgerät oder Hiebschwerter wie in jedem anderen Gräberfeld, und auch die vielen Krüge, Töpfe und Schalen aus gebranntem Ton gelten gemeinhin als »fränkisch«. Und doch verrät der Gesamtbefund »einen sicherlich nicht zu unterschätzenden Anteil an romanischer Bevölkerung« (Melzer 1993, 105 ff.): Denn an

»Die dir anvertrauten Soldaten sollen mit der Provinzbevölkerung nach bürgerlichem Recht leben und sich nicht durch das Waffentragen zu Übergriffen verleiten lassen; denn der Schild unseres Heeres muss den Romanen die Ruhe gewährleisten.«

(Cassiodor, Variae VII, 4, ca. 507/11: ostgotische Bestallungsurkunde für den rätischen *dux* [Militärchef] im zentralalpinen Raum)

»So aber wurde er in den geistlichen Stand eingeführt und erhielt das Bistum der erwähnten Kirche. Er ist aber ein Mann von sehr vornehmem Geschlecht, Abkömmling einer der angesehensten Senatorenfamilien Galliens, gründlich unterrichtet in den freien Wissenschaften, in der Dichtkunst unübertroffen.«

(Gregor von Tours, 6. Buch der Frankengeschichte, Kap. 39, zum Jahr 584: Über den Romanen Sulpicius, gewählt zum Bischof von Bourges)

»Dumm sind die Romanen, klug sind die Bayern; bescheiden ist die Weisheit der Romanen, sie besitzen mehr Dummheit als Weisheit.«

(Bajuwarischer Spruch in den sog. Kasseler Glossen, Anfang des 9. Jh.)

Angeln, Sachsen, Jüten und Angelsachsen

Die Wanderungsbewegungen von Germanen nach England am Ende der römischen Epoche stehen seit geraumer Zeit im Mittelpunkt des archäologischen und historischen Interesses. Bevorzugt wurden Herkunftsräume betrachtet und Modelle für den Ablauf des Vorgangs entwickelt. Dahinter steht der Versuch, Gründe für die Wanderung und ihre Auswirkungen auf den archäologischen Fundbestand zu identifizieren. Fragen wie die Größe der abwandernden Gruppen, das vollständige oder nur teilweise Verlassen der heimatlichen Siedlungsplätze oder die ethnische Zusammensetzung stellen sich nach wie vor. Ebenso wird immer wieder auch die zeitliche Dynamik dieses historischen Prozesses untersucht. Die großen Mooropferfunde wie Nydam, Thorsberg oder Illerup stehen als Ausweis heftiger innerer Kriege zwischen germanischen Stammesgruppen am Anfang dieser Wanderung. Waren sie ein wesentlicher Auslöser für die Bereitschaft von nordgermanischen Stammesteilen, nach neuen attraktiveren Lebensbedingungen im ehemals römischen und damit hoch zivilisierten und relativ wohlhabenden Britannien zu suchen? Durch die zahlreichen germanischen Söldner, die die militärischen Lücken in Britannien nach Abzug der römischen Truppen im Jahre 407 füllten, wurde in jedem Fall eine Einwanderungswelle ausgelöst. Die Kontakte über den Kanal hin und her und an den Küsten entlang sind archäologisch nicht ganz einfach beweisbar, dürften aber schon lange sehr eng gewesen sein. Spuren der Wanderung von Personen und Gruppen regional und im Detail der archäologischen Funde zu verfolgen ist eine spannende Detektivarbeit. Die Herausbildung einer neuen Stammesidentität in regional separierten angelsächsischen Königreichen ist ein besonderes Phänomen dieser historischen Entwicklung.

M. K.

Siedlungsgebiete der germanischen Stämme auf dem Kontinent und angelsächsische Königreiche nach historischen Quellen

Von Piraten zu Reichsgründern?

VON BIRTE BRUGMANN

Im 449. Jahr [...] fuhr der Stamm der Angeln oder Sachsen, vom oben genannten König eingeladen, in drei Langschiffen nach Britannien und ließ sich auf Befehl des Königs im östlichen Teil der Insel nieder, dem Anschein nach, um für das Land zu kämpfen, in Wirklichkeit aber, um es zu erobern. Nachdem sie mit den Feinden, die von Norden her angriffen, den Kampf begonnen hatten, errangen die Sachsen den Sieg. Als dies und auch die Fruchtbarkeit der Insel und die Trägheit der Briten zu Hause berichtet wurde, schickte man sofort eine größere Flotte herüber, mit einer stärkeren Abteilung von Kriegern an Bord, die zusammen mit der vorher gesandten Gruppe ein unbesiegbares Heer bildete. Die Ankömmlinge erhielten dann als Geschenk der Britannier eine Wohnstätte bei ihnen, unter der Bedingung, dass diese für Frieden und Heil des Landes gegen Feinde kämpften und jene den Kämpfern die entsprechende Belohnung gaben. Sie kamen von drei starken Völkern Germaniens, nämlich von den Sachsen, Angeln und Jüten. Von den Jüten stammen die Kenter und die Victuarier, das heißt jener Stamm, der die Insel Wight bewohnt, und derjenige, der gegenüber dieser Insel Wight lebt und bis heute im Land der Westsachsen das Volk der Jüten genannt wird. Von den Sachsen, das heißt aus dem Gebiet, das jetzt auch das der Altsachsen genannt wird, kamen die Ostsachsen, Südsachsen, Westsachsen. Von den Angeln aber, nämlich von dem Land, das Angeln heißt und von jener Zeit bis heute verlassen zwischen den Ländern der Jüten und Sachsen geblieben sein soll, stammen die Ostangeln, Mittelangeln, Mercier, das ganze Geschlecht der Nordhumbrier, das heißt jener Völker, die nördlich des Flusses Humber leben, und die übrigen Völker der Engländer ab,

so schrieb Beda der Ehrwürdige in seiner lateinischsprachigen Kirchengeschichte, die er 731 n. Chr. beendete.

Bedas Geschichte ist einfach und einprägsam. Nach dem Abzug der römischen Truppen (in welchem Umfang ist nicht ganz klar) aus der britannischen Provinz im Jahre 407 füllten die provinzialrömischen Briten die Lücke mit sächsischen Söldnern, die eine Einwanderungswelle auslösten. Bei Gildas, vermutlich ein britischer Kleriker des 6. Jh., der eine Mahnschrift an seine christlichen Lands-

leute richtete, klingt die Erzählung anders. Sächsische »Barbaren« überzogen als Strafe Gottes das Land mit Krieg und Zerstörung. Sie töteten, versklavten oder vertrieben die einheimische Bevölkerung. Beda – als Mönch des Klosters Jarrow in anglischem Reichsgebiet – lag das Christentum ebenso am Herzen wie Gildas, aber seinem angelsächsischen Selbstverständnis entsprechend hatte er einen anderen Blickwinkel auf die Geschehnisse des 5. Jh. Sein Bericht von den drei Schiffen mit den Vertretern dreier mächtiger Stämme, auf die sich die angelsächsischen Königreiche zurückführen, steht in der Tradition germanischer Herkunftssagen. Während man bei Gildas mit Übertreibungen rechnen muss, die einer Instrumentalisierung der Sachsen als Strafe Gottes dienten, macht sich Bedas Darstellung als historische Quelle auf andere Weise verdächtig, denn der Wert einer Herkunftssage liegt nicht in historischer Genauigkeit, sondern in der Legitimation und dem Prestige, das sie einem nationalen Selbstverständnis verschafft.

Wie wichtig diese Funktion auch noch in der Neuzeit ist, macht eine Anekdote aus dem 20. Jh. deutlich. T. Sheppard, Museumskurator in Kingston-upon-Hull und seinen Schriften zufolge ein Mann mit Humor, berichtet 1919 von einem Besuch bei britischen Offizieren, die beim Ausheben eines Grabens einen archäologischen Fund, nämlich das Grab einer angelsächsischen Frau, gemacht haben:

Ich erklärte, dass es sich um jemanden aus einer Gruppe von frühen Eroberern aus einem Land handelte, das wir heute als Deutschland kennen, dass sie nicht nur erfolgreich an der Küste von Yorkshire landeten, sondern dort sogar siedeln und ihre Familien mitbringen konnten, und von diesen stammten wir ab! Dies löste unter den Offizieren, von denen die meisten viele Monate mit dem Versuch verbracht hatten, Deutsche umzubringen, das aus, was Journalisten eine »Sensation« nennen; nach einer Pause gab einer freimütig zu, dass er verdammt sein wolle zu denken, er habe einen [...] Hunnen gefunden und die Stücke in seine Obhut genommen. Nachdem man sich mit Kraftausdrücken, wie man sie man nur von Offizieren und Fährleuten hört, Luft gemacht hatte, begaben wir uns zurück [...] der Rückweg ähnelte einem Begräbnis mehr als allem anderen. Unsere Freunde waren offensichtlich in Gedanken versunken.

Es wäre jedoch falsch zu behaupten, dass Zweifel an der angelsächsischen Wanderung unwissenschaftlich motiviert sein müssen. Wanderungen sind in der archäologischen Forschung der letzten fünfzig Jahre generell stark infrage gestellt worden und für die Völkerwanderungszeit spielt darüber hinaus die Auseinandersetzung mit den schriftlichen Quellen eine besondere Rolle.

Für die angelsächsische Wanderung bedeutet das, dass nicht mehr nur das Wann, Wo und Wie der historisch überlieferten Ereignisse hinterfragt wird, sondern dass die grundsätzliche Frage im Raum steht: Gab es tatsächlich eine »Völkerwanderung«, welche die ethnische Zusammensetzung Ost- und Südostenglands wesentlich veränderte? Es wird nicht nur in der englischen Forschung die Einwanderung von Angeln, Sachsen und Jüten infrage gestellt, sondern in der dänischen und deutschen Forschung unter dem Schlagwort »Siedlungsleere oder Forschungslücke?« auch ihre Abwanderung.

Tatsächlich stimmen die archäologischen Quellen auf den ersten Blick mit Bedas Bericht recht gut überein. Bedas Beschreibung der Herkunftsgebiete der Angeln, Sachsen und Jüten ist zwar vage, aber hilfreich. »Niedersachsen«, »Angeln« in Schleswig-Holstein und »Jütland« als Teil Dänemarks liegen geografisch so zueinander wie von Beda beschrieben und sind von der Sprachforschung ausgiebig diskutiert worden. Während es auf dem Kontinent Zeichen für eine Abnahme der Besiedelung gibt, bildet sich im 5. Jh. im Osten und Südosten Englands eine germanische Sachkultur heraus, die auf enge Verbindungen hinweist.

Folgt man Beda, so sollte die Abwanderung im verlassenen Angeln (*angulus desertus*) besonders deutlich werden. Tatsächlich lässt sich in Angeln und Schwansen, den Landschaften zwischen Flensburg und Schleswig, nicht nur ein Rückgang der Siedlungs-, Grab- und Depotfunde im 5. Jh. feststellen, sondern auch ein Rückgang der kulturanzeigenden Pflanzen in Pollendiagrammen. Zwar deutet die Überlieferung von Ortsnamen darauf hin, dass es im 6. bis 8. Jh. eine Restbevölkerung in Angeln gab, doch war der Siedlungsrückgang wohl so stark, dass Bedas Beschreibung nicht aus der Luft gegriffen ist. Römische Militärgürtel des 4. und frühen 5. Jh., mit denen möglicherweise Söldner nach ihrer Heimkehr ins Elbe-Weserdreieck begraben wurden, könnten schriftliche Erwähnungen von sächsischen Söldnern in römischem Dienst bestätigen. Zudem wird im 5. Jh. vor allem in der Aufgabe von Urnenfriedhöfen ein Siedlungsrückgang deutlich, der mit einer Abwanderung im Zusammenhang stehen könnte.

Bei genauerem Hinsehen finden sich jedoch Unstimmigkeiten in der historischen und archäologischen Überlieferung. Beda zufolge begann die Wanderungsbewegung in der Mitte des 5. Jh. Anstelle eines plötzlichen Siedlungsabbruches zu dieser Zeit weist das archäologische Material jedoch auf einen Prozess hin, der bereits im 4. Jh. beginnt und bis in das 6. Jh. hineinreicht. Wanderungen werden in der Regel durch einen Druck auf die bestehende Situation an einem Ort ausgelöst und durch die Anziehungskraft eines anderen Ortes in eine bestimmte Richtung gelenkt. Brandhorizonte oder schriftliche Überlieferungen kriegerischer Ereignisse, die eine Abwanderung erklären könnten, fehlen in diesem Fall. Ein Auswanderungsdruck lässt sich somit am ehesten durch Anzeichen einer Klimaverschlechterung erklären, die Bedas Hinweis auf die Fruchtbarkeit der Insel unterstreichen würde.

Im Falle der Angeln, Sachsen und Jüten lässt sich jedoch nicht mit letzter Sicherheit nachweisen, dass der Rückgang des archäologischen Fundgutes auf dem Kontinent tatsächlich mit einem Siedlungsrückgang zusammenhängt. Aus archäologischer Sicht besteht auch die Möglichkeit, dass die Fundlücken auf Veränderungen in der Wirtschafts- und Siedlungsweise und in der Sachkultur der Bewohner zurückzuführen sind. Zum jetzigen Forschungsstand bildet allerdings die Abwanderung von zumindest Teilen der Bevölkerung eine überzeugendere Erklärung. Worin also lag die Anziehungskraft Englands? Fest steht, dass die angelsächsische Landnahme nicht mit der Entdeckung und Besiedlung Islands in der Wikingerzeit zu vergleichen ist. Im Gegensatz zu Island war die britische Insel keine Zufallsentdeckung, und wenn es auch in beiden Fällen Berichte von der Fruchtbarkeit des Landes gab, so war die »Butter, die von den Halmen tropfte«, wie es in einer Beschreibung Islands heißt, bereits vergeben.

Der Weg von der dänischen und norddeutschen Küste nach England führte wahrscheinlich nicht quer über die Nordsee, sondern an der Küste entlang, bis sich eine Überquerung des Ärmelkanals anbot. Sächsische Krieger hatten sich bereits im späten 3. Jh. durch Überfälle auf die britannische Küste einen Namen gemacht. Der *Litus Saxonicum*, die »sächsische Küste« reichte von der Insel Wight über Kent die ostanglische Küste hinauf. Ein Boot, das nach Jahresring-Untersuchungen um 320 n. Chr. gebaut und im 19. Jh. aus dem Nydam-Moor bei Sonderburg, Dänemark, geborgen wurde, gibt eine

Rekonstruktion Canterbury im 5. Jh. Die Ruinen sind mit kleinen Gruppen von Grubenhäusern durchsetzt

Vorstellung von dem, was Boote zu dieser Zeit leisten konnten. Das Nydam-Boot ist ungefähr 23 m lang und wurde von etwa 30 Ruderern bewegt. Es handelt sich um ein wendiges, schnelles Schiff, das wahrscheinlich eher für militärische Zwecke als für den Transport von Gütern verwendet wurde. Eine spätere Übersiedlung mit Familie, Vieh und Saatgut fand möglicherweise in Booten statt, die vor allem für Transporte geeignet waren.

Paläobotanische Untersuchungen legen nahe, dass die Einwanderer nicht auf menschenleere Gebiete stießen, die neu gerodet werden mussten. Inwieweit im Süden und Osten Englands allerdings bestehende Siedlungen auch während des 5. Jh.

aufrechterhalten wurden, konnte bisher nur in Ansätzen untersucht werden. Zwar ist der Niedergang römischer Städte wie Canterbury und Winchester und die Auflassung römischer *villae* ein deutlicher Hinweis darauf, dass die römische Infrastruktur in der Provinz Britannien im 5. Jh. weit gehend zusammengebrochen war, jedoch reichte die Besiedlungsdichte auf dem Lande wohl dazu aus, die Landschaft offen zu halten.

War der Druck auf die Auswanderer so groß, dass sich für sie eine kriegerische Landnahme lohnte, oder übertrieb Gildas in seiner Beschreibung von Mord, Versklavung und Vertreibung vielleicht stark in seinem Bemühen die Neuankömmlinge als

Strafe Gottes hinzustellen? Aus archäologischer Sicht stellt sich zunächst eine grundsätzlichere Frage: Lässt sich die Ankunft von anglischen, sächsischen und jütischen Einwanderern archäologisch überhaupt nachweisen? Ideal wäre es, wenn sich eine »Einwanderergeneration« identifizieren ließe, deren Siedlungsweise, Grabsitten und Sachkultur mit der des Herkunftsgebietes völlig übereinstimmen. Der langsame Siedlungsrückgang im Herkunftsgebiet, der bereits festgestellt wurde, macht jedoch eine solche klare Überschneidung im archäologischen Befund unwahrscheinlich. Wahrscheinlicher als die Existenz einer einzigen »Einwanderergeneration« sind eine längere Periode enger Beziehungen zwischen dem »alten« und dem »neuen« Land sowie beiderseitige kulturelle Einflüsse.

Dem Abbruch der Urnenfriedhöfe in Schleswig-Holstein und Niedersachsen steht im 5. Jh. die Gründung von Urnenfriedhöfen in Ost- und Südostengland gegenüber, die tatsächlich für ein nahtloses Anknüpfen der Grabsitte im neuen Siedelgebiet sprechen. Es wird nicht nur weiterhin vorwiegend Leichenverbrennung praktiziert, es ist auch der Stil der Keramikurnen wieder zu erkennen, in denen die Asche beigesetzt wird. Einen berühmten Vergleich bilden eine so genannte Gesichtsurne aus Wehden im Kreis Wesermünde und ein Urnenfragment von Markshall in Norfolk, die wahrscheinlich aus der gleichen Hand stammen.

Übereinstimmungen zwischen dem Herkunfts- und Einwanderungsgebiet zeigt sich auch in der Frauentracht. Kreuzförmige Fibeln und *small-long brooches* sowie gleicharmige Fibeln und Schalenfibeln, wie sie aus Urnen- und Körpergräbern auf dem Kontinent bekannt sind, finden sich in Gräbern in England wieder. Wie jedoch sind die Funde von kontinentalem Frauenschmuck, insbesondere solchem, der bereits in die erste Hälfte des 5. Jh. datiert wird, auf der Insel genau zu interpretieren? Handelt es sich um das Zeugnis von Söldnern, die als »Gastarbeiter« ihre Familien auf die Insel mitbrachten? Oder begann die Einwanderung bereits, als die römischen Truppen abzogen und den Söldnern im Dienste der zurückbleibenden Einheimischen das Feld überließen? Erschwert wird die Situation dadurch, dass es in der Männertracht keine Entsprechung zu römischen Militärgürteln gibt, an denen die Gräber männlicher Siedler zu erkennen wären. Fast der einzige Hinweis auf männliche Einwanderer im Fundgut selbst ist die Beigabe von Waffen, die von der provinzialrömischen Bevölkerung nicht geübt wurde und als eine germanische Grabsitte gilt.

Tatsächlich lässt sich die Interpretation angelsächsischer Fundtypen in Gräbern Englands noch viel grundsätzlicher infrage stellen. Lange galt der Grundsatz, dass materielle Kultur, wie sie im archäologischen Fundgut erscheint, ethnische, politische und oft auch religiöse Verhältnisse unmittelbar reflektiert. Für die angelsächsische Landnahme heißt das, dass in einer Urne, deren Typ wir als angelsächsisch definieren, nur ein angelsächsisches Individuum begraben sein kann und dass eine Frau mit angelsächsischer Fibeltracht Angelsächsin gewesen sein muss, weil nur eine Angelsächsin angelsächsische Fibeltypen getragen hätte. Heute wird das Verhältnis zwischen Mensch und Objekt differenzierter betrachtet. Die Verwendung materieller Kultur kann ebenso vielschichtig sein wie zum Beispiel soziale Bindungen. Die Trägerin eines Fibeltyps muss ihren Trachtschmuck nicht wie einen Personalausweis mit sich herumgetragen haben, der unabänderliche Tatsachen wie ihren Geburtsort festhielt. Ebenso denkbar ist, dass das Tragen einer Fibel dazu diente, einen veränderlichen Status innerhalb einer sozialen Hierarchie zu demonstrieren, oder materiellen Wohlstand zur Schau zu stellen. Wichtig ist dabei, dass materielle Kultur nicht einen *status quo* reflektieren muss, sondern dass sie bewusst dazu verwendet werden kann, das Selbstbild oder die Umwelt zu verändern.

Diesen Überlegungen entsprechend muss eine völkerwanderungszeitliche Frau in ihrer Kleidung nicht unbedingt ihre ethnische Identität ausgedrückt haben. Möglich wäre es, dass ihr Erscheinen als Aushängeschild für die Identität ihres Mannes fungierte. Führt man diesen Gedanken weiter, so ist die Möglichkeit zu erwägen, dass die Sachkultur, die im Osten und Südosten Englands im 5. Jh. in Erscheinung tritt und deutliche Verbindungen mit nördlichen Regionen der *Germania Libera* aufweist, nicht auf eine Einwanderung größerer Bevölkerungsteile schließen lässt, sondern auf eine kulturelle Anpassung unter dem Einfluss und möglicherweise auch dem Druck einer zunächst fremden Oberschicht. Ein solches Modell erinnert an die politischen und kulturellen Auswirkungen der Landung Wilhelm des Eroberers im Jahre 1066 an der englischen Küste, die zu einer Ausbildung einer neuen Oberschicht, aber nicht zu einer normannischen Völkerwanderung führte.

Ergibt womöglich der Hausbau auf den Britischen Inseln im Vergleich zum Kontinent das eindeutige Bild, das die Grabfunde vermissen lassen? Wohnstallhäuser und Nebengebäude wie auf der

Gleicharmige Fibel aus
vergoldetem Silber vom
Gräberfeld Issendorf, Lkr.
Stade in Niedersachsen.

Wurt Feddersen Wierde und Flögeln auf der Geest in Niedersachsen könnten als Neugründungen auf der britischen Insel beispielsweise überzeugendere Hinweise auf eine Wanderung liefern als Gräberfelder. Auch hier zeigt sich jedoch, dass eine einheitliche Gestaltungsweise der Häuser mit Vorsicht betrachtet werden muss. So könnte ein Argument gegen die Einführung von kontinentalen Bautraditionen lauten, dass der Hausbau so stark an wirtschaftliche Verhältnisse gebunden war, dass er weniger flexibel gehandhabt werden konnte als Tracht und Grabsitten.

Angelsächsische Siedlungsfunde sind im Verhältnis zu Grabfunden zwar immer noch stark unterrepräsentiert, aber flächig gegrabene Siedlungen wie West Stow in Suffolk, Mucking in Essex und West Heslerton in Yorkshire geben eine Vorstellung davon, inwieweit sich angelsächsische von kontinentalen Siedlungen entlang der Nordseeküste unterscheiden. Zwar lassen sich in der Art der Pfostensetzungen insularer und kontinentaler Gebäude Verwandtschaften feststellen, doch lässt sich nicht darüber hinwegsehen, dass auf der Insel Nachweise dreischiffiger Langhäuser fehlen. Aber auch das muss nicht gegen eine angelsächsische Wanderung sprechen. Sowohl wirtschaftliche Veränderungen, die zu einer Abwanderung geführt haben könnten, als auch Veränderungen, die durch die Wanderung ausgelöst worden sein könnten, haben möglicherweise zu einem Aufbrechen der

sozialen Strukturen geführt, die dazu benötigt wurden, um die mächtigen Langhäuser zu errichten. Ebenso ist es möglich, dass Veränderungen in der Wirtschaftsweise eine veränderte Bauweise für Wohnhäuser und Wirtschaftsgebäude nahe legten. Zudem wäre denkbar, dass eine Vermischung einheimischer und eingewanderter Bevölkerungsteile zu Kompromissen im Hausbau führte.

Da also auch die Siedlungsarchäologie nicht die gewünschte Klarheit hinsichtlich einer Wanderungsbewegung von Angeln, Sachsen und Jüten zu schaffen vermag, bleibt als letztes Argument hierfür die Anthropologie. Die umstrittenste Interpretation anthropologischer Daten bezieht sich auf durchschnittliche Größenunterschiede zwischen Männern und Frauen des 6. und 7. Jh. und auf Größenunterschiede zwischen Männern, die mit und ohne Waffen begraben wurden. Die Feststellung extremer Größenunterschiede zwischen Männern und Frauen und ihre Interpretation als Hinweise auf angelsächsische Männer und britische Frauen sind umstritten. Dies gilt auch für Untersuchungen, die zeigen sollen, dass Männer, die mit Waffen bestattet wurden, im Durchschnitt größer waren, als Männer, die ohne Waffen begraben wurden. Da die Waffenbeigabe als ein angelsächsisches Statussymbol gilt, das keine spätrömische einheimische Tradition hat, wurde daraus geschlossen, dass sich unter den Männern ohne Waffen vor allem die einheimischen Briten verber-

gen. Das letzte Wort ist hier sicher noch nicht gesprochen.

Grundsätzlich stellt sich nun die Frage: Lässt
sich die angelsächsische Völkerwanderung auf eine männliche Elite zusammenstreichen, die einen
so starken kulturellen Einfluss auf die einheimische Bevölkerung ausübte, dass diese im archäologischen Fundgut als Angelsächsinnen und Angelsachsen erscheint? Zum jetzigen archäologischen
Forschungsstand lässt sich nicht sagen, wie das
zahlenmäßige und kulturelle Verhältnis zwischen
Einheimischen und Neuankömmlingen im Osten
und Südosten Englands aussah und wie es sich im
Laufe des 5. und 6. Jh. veränderte. Beda gibt uns
lediglich eine Vorstellung von dem ethnischen
Selbstverständnis der angelsächsischen Oberschicht seiner Zeit, vielleicht sogar dem der Mehrheit der Bevölkerung der Königreiche, die er auf
anglische, sächsische und jütische Einwanderer zu-
rückführte. Bedeutet das, dass die Einwanderer, in
welcher Zahl auch immer, getrennt an der jeweiligen Küste ihrer künftigen Heimat landeten und
dort die entsprechenden Königreiche gründeten?
Zu erwarten wären besonders enge kulturelle Verbindungen zwischen Schleswig-Holstein und den
Gebieten, die Beda als anglische Königreiche aus-
weist, zwischen dem nördlichen Niedersachsen
und Bedas sächsischem Reichsgebiet und nicht zuletzt zwischen der dänischen Halbinsel und Kent.

Für eine Untersuchung der Verhältnisse im
5. Jh. eignen sich wegen ihres Aufkommens an Keramik und ihrer frühen Datierung besonders die
Tausende von Urnen der großen Gräberfelder von
Ostanglien, Schleswig-Holstein und dem nördlichen Niedersachsen. Dabei hat sich gezeigt, dass
die Keramik und die Grabsitten auf dem ostangli-
schen Gräberfeld von Spong Hill zwar, wie zu erwarten, enge Verbindungen mit dem schleswig-
holsteinischen Urnengräberfeld Süderbrarup aus-
weist, aber auch mit den Brand- und Körpergräbern aus dem niedersächsischen Issendorf. Andere
Gräberfelder der drei Regionen bestätigen dieses
Bild. Erst der Frauenschmuck aus den Körpergräbern des 6. Jh. bestätigt eine deutliche Dreiteilung
des angelsächsischen Englands, in dem kreuzförmige Fibeln, Ringfibeln, Ärmelhaken und bestimmte Perlentypen im anglischen Norden und
Osten, Scheiben- und Schalenfibeln vor allem im
sächsischen Westen und Süden getragen werden.

Der Nachweis von Verbindungen zwischen Dänemark und Kent ist auch heute noch ein mühsa-
mes Geschäft. In Kent fehlen große Urnengräber-
felder wie in Ostanglien und unter den zahlreichen

Körpergräbern ist das 5. Jh. überraschend schlecht
vertreten. Dass es sich dabei jedoch um eine Forschungslücke handeln könnte, zeigen Metalldetek-
torfunde, unter denen kreuzförmige und *small-
long* Fibeln wesentlich stärker vertreten sind, als
man das aufgrund der untersuchten Körpergräber
vermuten möchte. Bisher sind Brakteatenanhänger
aus Gold und feintyplogische Untersuchungen germanischen Tierstils auf Bügelfibeln mit rechtecki-
ger Kopfplatte die stärksten Argumente für eine
besondere Beziehung zwischen Kent und Jütland.
Für den Nachweis einer Völkerwanderung reichen
sie jedoch nicht aus. Stattdessen bildet sich im späten 5. Jh. ein eigenständiges kentisches Kunst-
handwerk heraus, dass unverwechselbar ist. Parallel zeigt sich ein starker fränkischer Einfluss auf die

Hausgrundrisse wie in der
Siedlung Flögeln aus dem
4./5. Jh. könnten überzeugendere Hinweise für eine
Auswanderung der Sachse
liefern als Gräberfelder. Bislang ließ sich hier jedoch
noch kein entsprechender
Vergleich ausmachen.

kentische Frauentracht, der für einige Verwirrung gesorgt hat. Obwohl der Einfluss so stark ist, dass man keine schriftlichen Quellen braucht, um auf den Gedanken einer Einwanderung zu kommen, zeigt sich bei näherem Hinsehen, dass auch hier keine Einwanderergeneration feststellbar ist, deren Gräber auf fränkischem Gebiet nicht weiter auffallen würden. Statt dessen ist zu bemerken, dass für die Gräber die Auswahl der Objekte offenbar selektiv und ihre Verwendung zumeist unorthodox erfolgte. Zudem handelt es sich bei den vorgefundenen Objekten nicht etwa nur um westfränkische Fibeltypen, sondern um einen Querschnitt von Typen, in dem sowohl das links- als auch das rechtsrheinische Gebiet vertreten ist und auch thüringische Einflüsse nicht fehlen. Falls kentische Frauen ihren Männern als Aushängeschild dienten, dann wahrscheinlich eher für deren Handelsverbindungen als deren Herkunft. Kontinentale Handelsverbindungen schließen politische und kulturelle Verbindungen nach Dänemark jedoch nicht aus.

Wie also ist Bedas saubere Trennung der angelsächsischen Königreiche nach anglischen sächsischen und jütischen Wurzeln und die Benennung der Königreiche selbst zu erklären? Hier kann eine Unterscheidung zwischen Herkunft und ethnischem Selbstverständnis weiterhelfen.

In einer Umfrage des nationalen Amtes für Statistik im Vereinigten Königreich im Jahr 2002 wurden die Personen von 9000 Haushalten nicht nur nach den ethnischen Merkmalen »weiß«, »schwarz«, »asiatisch« und anderen befragt, sondern auch dazu aufgefordert, sich zu ihrem eigenen Verständnis ihrer »nationalen Identität« zu äußern. Wählen konnten sie zwischen britisch, englisch, schottisch, walisisch, irisch oder »Sonstiges«. Das Ankreuzen mehrerer Antworten war möglich. Das Ergebnis ist für deutsche Verhältnisse erstaunlich. Unter den weißen Einwohnern bezeichneten sich nur 31 % der Befragten als »britisch«, 50 % wählten eine »nationale« Identität, darunter englisch, schottisch, walisisch oder irisch und 13 % entschieden sich für eine Kombination aus »britisch« und einer »nationalen« Identität. Am höchsten war die Zahl derjenigen, die als einzige Angabe »britisch« angaben, unter den ethnischen Minderheiten (57 %). Was

hätte wohl die Befragung von 900 Haushalten im angelsächsischen Gebiet in den Jahren 500 und 600 n. Chr. ergeben, in der die Mitglieder Kreuze für britisch, anglisch, sächsisch und jütisch hätten machen können?

Setzt man voraus, dass eine solche Befragung nicht für Verwirrung gesorgt hätte, weil die Befragten sich in solchen Kategorien nicht wieder gefunden hätten, so wäre möglicherweise um 500 n. Chr. vielleicht nicht quer durch die Haushalte, aber doch quer durch die Regionen »anglisch«, »sächsisch«, »jütisch« und »britisch« angekreuzt worden, während sich um 600 n. Chr. an der herrschenden Oberschicht orientierte regionale Schwerpunkte herausbildet hatten. Ablesen ließe sich daraus vielleicht eine Formierung des angelsächsischen Selbstverständnisses im Laufe des 6. Jh., das es Beda erlaubte, die Königreiche seiner Zeit auf einzelne kontinentale Stämme zurückzuführen. Wie viele anglische Untertanen auf Vorfahren zurückblicken konnten, die tatsächlich aus Angeln über das Meer gekommen waren, und wie viele sächsische Untertanen direkte Vorfahren unter den Altsachsen hatten, bleibt damit offen.

Offen bleibt auch die grundsätzliche Frage: Wie viele Einwanderinnen und Einwanderer braucht man, um die Entstehung der angelsächsischen Königreiche zu erklären? Wurden in angelsächsischen Gräberfeldern ausschließlich eingewanderte Familien und ihre Nachkommen begraben oder reichte eine kriegerische Landnahme durch männliche Schiffsbesatzungen für eine kulturelle Umwälzung aus? Die Vertreter einer Minimallösung bleiben eine überzeugende Erklärung dafür schuldig, was eine einheimische provinzialrömische Bevölkerung dazu hätte bewegen können, sich so plötzlich und gründlich unter dem Deckmantel einer angelsächsischen Kultur zu verstecken. Auf der anderen Seite ist eine angelsächsische Stammeswanderung trotz aller Bemühung im archäologischen Befund selten so deutlich greifbar, wie man es sich wünschen und erwarten könnte. Wahrscheinlich liegt die Wahrheit wie so oft in der Mitte. Das Leben nach dem Zerfall des Römischen Reiches verlangte Provinzialrömern und Freien Germanen neue Denk- und Handlungsweisen ab, die später zu einer überschaubaren Geschichte verarbeitet wurden.

Die frühen Slawen

Ein später und für die Geschichte Mittel- und Ostmitteleuropas wichtiger Vorgang ist die Einwanderung von slawischen Stämmen. Im 6. Jh. werden sie in den schriftlichen und archäologischen Quellen erkennbar. Ihr Ursprungs- und Entstehungsgebiet wird in der Nord- und Westukraine lokalisiert. Zeitlich wird dafür die erste Hälfte des 1. Jahrtausends n.Chr. angesetzt. Die starke Ausdehnung der slawischen Stämme ab der Zeit um 500 ist anfänglich nach Süden gerichtet, in Richtung auf die Gebiete des spätrömischen Reiches. Dadurch erscheinen sie als Eindringlinge in der oströmischen Geschichtsschreibung.

Erst im fortgeschrittenen 7. Jh., durch Funde und Dendrodaten gut datiert, können wir ihre Einwanderung nach Nordostdeutschland nachweisen, im südlichen Ostdeutschland lagen die Anfänge wohl bereits in der ersten Jahrhunderthälfte. Die weiter westlichen Gebiete um Hannover, Thüringen und Nordostbayern werden sogar erst im 8. Jh. erreicht. Diese für Mitteleuropa letzte größere Wanderung prägte für einige Jahrhunderte und punktuell bis in die heutige Zeit hinein das sprachliche und kulturelle Milieu Ostdeutschlands.   M. K.

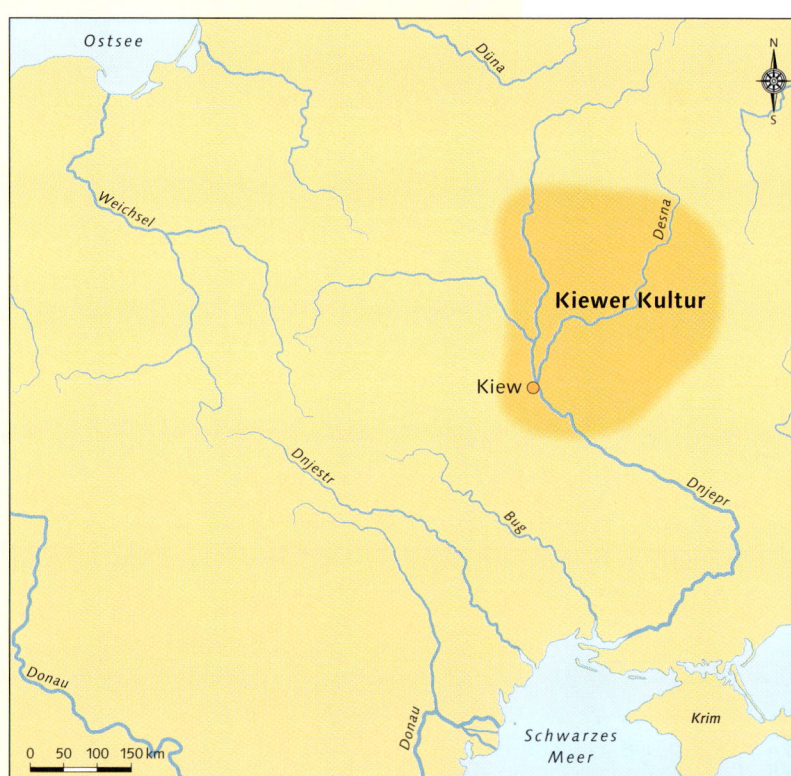

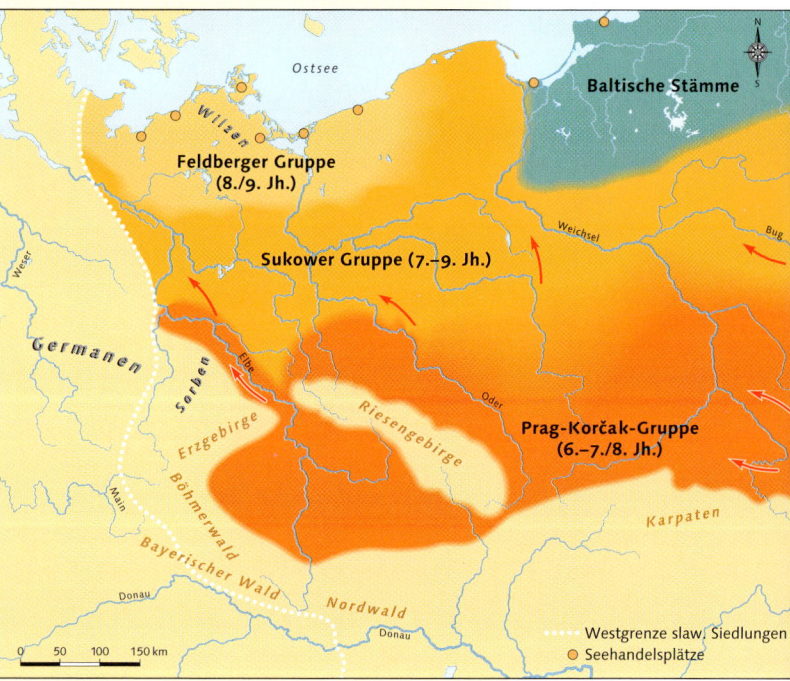

Oben: Die Kiewer Kultur im 4./5. Jh., vermutliches Ausgangsgebiet der Slawen.

Unten: Vordringen in die westlichen Siedlungsgebiete und slawische Kulturgruppen des 6. bis 9. Jh.

Von Kiew an die Elbe

VON FELIX BIERMANN

»Sei gegrüßt, du uns vom Geschick bestimmtes Land, von uns so heiß ersehnt, einst zurzeit der Sündfluth deiner Einwohner beraubt«, sprach Stammvater Boemus bei der Ankunft im neuen Siedlungsland, »bewahre uns unverletzt und vermehre unsere Nachkommen von Geschlecht zu Geschlecht« – so stellte sich im frühen 12. Jh. der Chronist Cosmas von Prag das Eintreffen der ersten Slawen in Böhmen vor; schon damals eine ins Sagenhafte überhöhte Erinnerung daran, dass die Slawen nicht immer in Böhmen gelebt hatten, sondern vor langer Zeit zugewandert waren.

Die gewaltige Ausbreitung der Slawen seit dem 5./6. Jh. n. Chr. über weite Teile Europas, ein eng mit der großen Völkerwanderung verknüpfter Prozess, bestimmt bis heute die europäische Landkarte. Der Bedeutung des Ereignisses entspricht auch die große Zahl widerstreitender Meinungen zur slawischen Frühgeschichte in der heutigen Forschung: Der Ursprung der Slawen und die Lage ihrer so genannten »Urheimat« sind ebenso umstrit-

ten wie die zeitlichen und geografischen Etappen ihrer Ausbreitung. Der Auflösung dieser und weiterer Rätsel stehen beträchtliche Hindernisse im Wege: Methodische Probleme bei der Bestimmung ethnischer Gruppen, ein unzureichendes archäologisch-historisches Quellenmaterial und bis in jüngere Zeit immer wieder nationalistisch gefärbte Forschungs- und Deutungsmuster.

Ausgangsgebiet und Ausbreitung

Erst im 6. Jh. n. Chr., also viel später als andere große europäische Völkerschaften wie etwa Kelten und Germanen, geben sich die Slawen in archäologischen und schriftlichen Quellen sicher zu erkennen. Ihr Ursprung – die Entstehung der Sprache und weiterer kultureller Gemeinsamkeiten – wird in dem weiten Raum zwischen der Oder im Nordwesten, der Nordukraine im Nordosten und der rumänischen Donau im Süden vermutet. Die

Blick vom Höhlenkloster in Kiew über den Dnjepr. Im Kiewer Gebiet wird der Ursprung der Slawen vermutet.

Die Ruinenstätte von Nove (Bulgarien) mit Blick über die Donau. Seit dem früheren 6. Jh. erwähnen byzantinische Schriftquellen Slawen im nördlichen Vorfeld der Donau.

größte Wahrscheinlichkeit besitzt die Ansicht, dass sich die Slawen während der ersten Hälfte des 1. Jt. n. Chr. im Gebiet der heutigen Nord- und Westukraine, vielleicht auch des südlichen Weißrusslands und Ostpolens herausgebildet haben – zwischen der von Reiternomaden und Goten geprägten nordpontischen Steppe, der baltisch-finnisch besiedelten Waldzone und den germanischen Siedlungsgebieten im Westen. Vor allem die vom 1.–5. Jh. am oberen und mittleren Dnepr und an der Desna (Nordukraine) bekannte Kiewer Kultur verbinden manche Archäologen mit der Entstehung der Slawen. Einige Keramik- und Haustypen dieser Kulturerscheinung weisen große Ähnlichkeit mit der so genannten Prag-Korčak-Gruppe des späten 5. und 6. Jhs. auf, die erstmals eindeutig den Slawen zugewiesen werden kann: Eine schlichte Bauernkultur mit bescheidenen Grubenhäusern, einer handgemachten, unverzierten Keramik und der Sitte, die Toten zu verbrennen und in Urnen zu bestatten.

Von Beginn an wird sich das slawische Siedlungsgebiet beständig vergrößert haben, doch erst in den Jahrzehnten um 500 begann eine kraftvolle Ausbreitung. Die Gründe dafür sind ähnlich vielfältig wie jene der Völkerwanderungszeit insgesamt. Eine gute demografische Entwicklung erzeugte Bevölkerungsdruck, die sagenumwobenen Reichtümer der spätantiken Hochkulturen lockten ebenso wie die von anderen Völkern verlassenen Sied-

lungsgebiete, von heranstürmenden Reiternomaden ging eine Bedrohung aus. Sicherlich können wir auch von einer verbreiteten Aufbruchstimmung sprechen, die Unternehmungs- und Abenteuerlustige in die Ferne zog.

Die Ausbreitung der Slawen zielte zunächst nach Süden. Bereits in der ersten Hälfte des 6. Jhs. dürften Teile des Karpatenbeckens zwischen Böhmen und Siebenbürgen, die Wallachei und weitere Gebiete im Vorfeld des Donaulimes von Slawen besiedelt worden sein. Seit dieser Zeit melden auch die oströmischen Chroniken immer wieder slawische Einfälle in den byzantinischen Provinzen Südosteuropas, nicht selten zusammen mit Reiternomaden wie Bulgaren und Awaren. So waren an den vielen gegen Byzanz gerichteten Angriffen der Awaren, die seit 568 in der ungarischen Tiefebene herrschten, auch Slawen beteiligt; unter anderem an dem für die Awaren letztlich katastrophalen Angriff auf Konstantinopel im Jahre 626, der die Macht des Reitervolks brach. Den Militäraktionen folgte die Besiedlung. In weiten Teilen der byzantinischen Provinzen ließen sich Slawen nieder, teils als oströmische foederati (Verbündete), z.T. in jenen Gegenden, die der Macht des Kaisers entglitten waren. Die slawische Besiedlung umfasste schließlich die ganze Balkanhalbinsel von den Südostalpen und Rumänien bis zum Peloponnes. Slawen lebten dabei vielfach zusammen mit anderen Völkerschaften, die z.T. in den Südslawen aufgingen. Der Siedlungsprozess zog sich vom 6. bis in das 8. Jh. hin. Die slawische Ausdehnung in die nord- und ostrussischen Gebiete gewann sogar erst im 9./10. Jh. an Bedeutung.

Noch im 6. Jh. wanderten die Slawen auch in die fruchtbaren, klimatisch begünstigten südpolnischen Braun- und Schwarzerdegebiete ein und nahmen nach und nach die Regionen bis nach Masowien und Niederschlesien in Besitz. Die sumpfigen und waldreichen, oft kargen Gebiete Zentral- und Nordpolens sowie Nordostdeutschlands übten hingegen eine ungleich geringere Anziehungskraft aus. Erst im Laufe des 7. Jhs. dürften die ersten Slawen in diese Regionen eingewandert sein.

Die slawische Einwanderung im ostdeutschen Raum

Diese eher späte Datierung der slawischen Einwanderung in das heutige Nordostdeutschland beruht auf archäologischen Kleinfunden aus frühslawischen Siedlungszusammenhängen, etwa skandinavischen Fibeln sowie auf den Resultaten der in jüngerer Zeit an frühslawischen Brunnen und anderen Siedlungsobjekten verstärkt angewandten Dendrochronologie, also der exakten Datierung von Holz aufgrund seiner Jahrringbreiten. Die Kleinfunde lassen sich meist nicht vor das fortgeschrittene 7. Jh. datieren. Die Dendrodaten setzen sogar erst in der Zeit um 700 ein.

Im südlichen Ostdeutschland kann man mit einem früheren Beginn der slawischen Besiedlung, und zwar in der ersten Hälfte des 7. Jhs., rechnen. Das berühmte, vielleicht bereits in diese Zeit datierbare Brandgrab von Dresden-Stetzsch dürfte in seiner Kombination aus slawischer Urne und reiternomadischer Dreiflügelpfeilspitze am ehesten

Skandinavische Schlangenfibel aus Nehringen in Ostvorpommern, späteres 7./ früheres 8. Jh., Beleg früher skandinavisch-slawischer Kontakte.

slawisch-awarische Verbindungen anzeigen. Im Jahre 631 erwähnt der fränkische Chronist Fredegar die Sorben mit ihrem Fürsten Dervan, die schon von alters her zum Frankenreich gehört hätten und in diesem Jahre rebellierten. Dies ist die älteste schriftliche Nennung von Slawen im späteren Ostdeutschland, sofern die Sorben zu jener Zeit schon in ihren später bezeugten Siedlungsgebieten zwischen Elbe und Saale saßen.

Die Einwanderung erfolgte wohl vorwiegend über Schlesien aus Südpolen und entlang der Elbe aus Böhmen. Die Aufsiedlung darf man sich gewiss nicht flächendeckend vorstellen, sondern eher an den Flüssen orientiert und unter Aussparung der siedlungsungünstigen Sümpfe, Wälder und Hochflächen. Prinzipiell vollzog sie sich aber von Südosten nach Nordwesten. In Brandenburg und Mecklenburg-Vorpommern scheint die Besiedlung nicht vor dem letzten Drittel des 7. Jhs. erfolgt zu sein, in Ostholstein vielleicht sogar erst in der Zeit um 700. Wahrscheinlich ebenfalls erst spät erschienen die Slawen im Hannoverschen Wendland, in Thüringen und Nordostbayern, hier bereits unter fränkischer Ägide.

Mit wenigen Ausnahmen endete die slawische Ausbreitung an den Flüssen Elbe und Saale, wo die Zuwanderer z.T. auf Germanen trafen. Bald entwickelte sich ein enges Geflecht wirtschaftlicher und politisch-militärischer Beziehungen zwischen den neuen Nachbarn. An der Ostsee nahmen die Slawen rasch Verbindung mit Skandinaviern auf, besonders seit dem früheren 8. Jh. in den von regem Warenaustausch geprägten Seehandelsplätzen. In späterer Zeit hat es wohl auch eine slawische Besiedlung in Dänemark und Südschweden gegeben.

Ob die Zuwanderer innerhalb des ostdeutschen Raumes noch auf dort zurückgebliebene Germanen trafen, ist schwer zu ergründen. Im Zuge der Völkerwanderungen waren die Germanen nach und nach aus den nordostdeutschen Gebieten fortgezogen. Schon im 6. Jh. ist nur noch eine geringe germanische Besiedlung archäologisch feststellbar und für das 7. Jh. fehlt sie ganz. Auf die Anwesenheit von Menschen weisen in dieser Zeit nur noch einzelne Funde hin, die allerdings meist eher auf Handelsrouten schließen lassen als auf eine dauerhafte Besiedlung. Selbst wenn kleine Gruppen von Germanen im Lande verblieben, sind die Slawen doch ganz überwiegend in weite, siedlungsleere, von der Natur zurückeroberte Gebiete eingewandert.

Die Slawen kamen in kleinen Sippen- und Kleinstammesverbänden, deren Oberschichten noch keine Burgen errichteten. Sie brachten eine einfache,

landwirtschaftlich geprägte Kultur mit. Die frühere Ausprägung wird als Prager, die jüngere als Sukower Gruppe bezeichnet. Man lebte in Dörfern innerhalb kleiner einräumiger Block- oder Flechtwerkhäuser, die durch offene Herdstellen oder steingesetzte Öfen beheizt wurden. Anfangs dominierten Grubenhäuser, wohl teilweise infolge östlicher Traditionen. Später gewannen ebenerdige Gebäude an Gewicht, zu denen oft länglich-ovale Gruben von 2 bis 4 m Länge gehörten. Holzkohle und verbrannte Steine in vielen dieser Gruben geben einen Hinweis zu ihrer ehemaligen Funktion: Die im Hausinneren gelegenen, mit Brettern abgedeckten Eintiefungen nahmen die Herdasche auf, die in kalten Nächten ihre Restwärme ausstrahlte. Zur Wasserversorgung wurden hölzerne Brunnen angelegt. Man betrieb Viehzucht und Feldbau mit dem Hakenpflug. Nebenher ging man dem Handwerk nach: Die Siedler stellten eine schmuck- und anspruchslose Keramik her, erzeugten aus Raseneisenerz Eisen als Grundstoff für diverse Waffen und Werkzeuge, produzierten Holzteer unter anderem zum Abdichten ihrer Häuser und schnitzten aus Tierknochen und Geweih allerlei Gerät.

Von der Besiedlung zur Beherrschung

Anfangs geprägt von einer recht einheitlichen Kultur, entwickelten sich noch im 8. Jh. die slawischen Siedlungsgebiete im heutigen Ostdeutsch-

land sehr unterschiedlich. Im Hinterland der Ostseeküste lässt sich bereits im 8. Jh. ein wirtschaftlicher Aufschwung feststellen, der sich in einer bemerkenswerten Verbesserung der Sachkultur, vor allem in der Herausbildung der hervorragenden, reich mit Wellenbändern verzierten Feldberger Keramik manifestierte und der mit der Blüte der Seehandelsplätze in Zusammenhang stand. Damit einher ging die Bildung großer Stämme wie der Wilzen und Abodriten, deren mächtige Herrschaften sich auf starke Burgwälle stützten. Sie wurden bald zu einem wichtigen Machtfaktor an der Ostgrenze des fränkischen Reiches; kein Geringerer als Karl der Große führte schon 789 einen Feldzug gegen die Wilzen. Diese Entfaltung wurde auch durch äußere Einflüsse, etwa aus Skandinavien und dem Karolingerreich sowie von einer permanenten Bedrohung durch starke Nachbarn befördert.

Ähnliche Entwicklungen gab es bald bei den Sorben und weiteren Stämmen im Süden des heutigen Ostdeutschlands, wobei sich dort Impulse vor allem aus den wirtschaftlich und politisch hoch entwickelten slawischen Gebieten Böhmens und Mährens bemerkbar machten. Die von solchen Einflüssen weit gehend abgeschnittenen Regionen zwischen mittlerer Elbe und Niederlausitz fielen demgegenüber zurück. Noch in der ersten Hälfte des 9. Jhs. waren die Siedlungen in diesen Gegenden klein und unbefestigt, die Keramik entsprach dem alten Stil. Erst seit dem mittleren 9. Jh. entstanden dort Burgen, die uns eine herrschaftliche Entwicklung anzeigen. In allen ostdeutschen Gebieten blieb die slawische Besiedlung aber gleichermaßen bis zur Ostsiedlung des 12./13. Jh. bestimmend, z.T. noch weit darüber hinaus.

Epilog

»Es ist nichts beständiger als die Unbeständigkeit«
(Immanuel Kant, 1724–1804)

Die Völkerwanderungszeit ist durch die Mittelalterbegeisterung der Romantik und der Ausbildung eines deutschen Nationalbewusstseins im 19. Jh. ein fester Bestandteil unseres »kulturellen Gedächtnisses«. Hunnen, Goten, Vandalen, das Ende des Weströmischen Reiches und schließlich das zum deutschen Nationalepos stilisierte Nibelungenlied mit seiner umfangreichen Rezeption, prägten ein Germanenbild, das eher der Phantasie entsprach als den historischen und archäologischen Quellen. Schon der Begriff Völkerwanderungszeit weckt falsche Vorstellungen, denn die germanischen Stämme hatten keinesfalls etwas mit dem zu tun, was man sich im 19. Jh. unter einem Volk vorstellte. Die Identifikation des Einzelnen mit seiner jeweiligen Gemeinschaft – unabhängig von seiner Herkunft – trug stärker zur Stammes- und Völkerbildung bei als die genetische Abstammung. Und dieses Gefühl der Zugehörigkeit konnte wechseln, wenn sich ein besseres Modell ergab. Die kriegerischen Gefolgschaften boten andererseits die Chancen zur Integration, nicht zuletzt, um ihre militärischen Möglichkeiten zu erhalten oder zu steigern. Stammeslegenden bzw. Entstehungsgeschichten lieferten das nötige ideologische Rüstzeug. »Es ist die Geschichte der politischen Aneignung und Manipulation ererbter Namen und Symbole der Vergangenheit mit dem Ziel, eine Gegenwart und eine Zukunft zu schaffen« (Patrick Geary).

Die wandernden Verbände waren vor allem eines: Effiziente Heere, von denen viele im Dienste des römischen Reiches gestanden und somit Einblicke in militärische und zivile Verwaltungsstrukturen erhalten hatten. Es ist geradezu charakteristisch, dass alle bedeutenden germanischen Reichsgründungen auf der Basis eines Aufenthaltes von zumindest einer Generation in den römischen Provinzen erfolgten. Die Völkerwanderungszeit war kein »Urknall«, sondern ein kontinuierlicher Wandel. Barbarische Heere im Dienste Roms dürften für die Reichsbewohner der Spätantike nichts Ungewöhnliches gewesen sein, und als schließlich im Jahre 476 die Föderatentruppen den Skiren Flavius Odoaker zu ihrem König ausriefen, werden sie das kaum als das Ende des weströmischen Reiches empfunden haben, hatten sie doch zwischen 455 und 476 neun Kaiser kommen und gehen sehen.

Der Epochenwechsel ist wohl nur von außen erkennbar und die für lange wissenschaftliche Diskussionen sorgende Frage nach dem »Fall Roms« hätten die Zeitgenossen vermutlich mit »Rom wurde nicht ermordet, es starb doch gar nicht« beantwortet.

Auch die archäologischen Quellen lassen in den neu entstandenen germanischen Königreichen Kontinuität erkennen, während Neues kaum hervortritt. Die Vandalen in Afrika, die Ostgoten in Italien sind letztlich nur durch wenige Gräber nachzuweisen, und durch einige Inschriften. Auf den Münzen wurden nun die neuen Herrscher gezeigt, doch blieb die Monetarwirtschaft bestehen, ein System, das bei keinem der barbarischen Stämme zuvor funktionierte. Das beschriebene Kontinuum bedeutet allerdings keinesfalls, dass die Herrschaftswechsel unblutig erfolgten und dass es keine Spannungen zwischen einzelnen Bevölkerungsgruppen gab, doch waren diese nicht ethnisch geprägt.

Die in diesem Band beschriebenen Völker mit ihren jeweils individuellen »Migrationsgeschichten« zeigen aber, dass kriegerische Eroberungen nur eine Möglichkeit sind. Eine andere sind gelenkte Umsiedlung, wie bei den Burgundern, oder der wohl eher friedliche Zuzug in schwächer besiedelte Gebiete, wie bei den Slawen in die nordostdeutschen Gebiete. War Gewalt sicher ein dominanter Aspekt völkerwanderungszeitlicher Migrationen, so erfolgt im Kontext von Wanderungen auch immer ein Kulturtransfer zwischen entfernten Räumen und Menschen.

Die Völkerwanderungszeit gilt als historische Transitionsphase zwischen Antike und Mittelalter. Der Versuch, die Wurzeln nationaler Identitäten in dieser Zeit zu suchen, sei es aus romantischen Vorstellungen, sei es zur politischen Instrumentalisierung historischer Quellen, ist schon im Ansatz verkehrt, wie das zuletzt Patrick Geary sehr klar formuliert hat: »Die Geschichte der Völker Europas ist nicht abgeschlossen – und wird es nie sein. Die Ethnogenese ist ebenso sehr ein Prozess der Gegenwart und der Zukunft wie der Vergangenheit. Jeder Versuch von Romantikern, Politikern oder Sozialwissenschaftlern, die wahre Seele eines Volkes oder einer Nation ein für alle Mal zu »konservieren«, ist zum Scheitern verurteilt«.

D.Q./M.K.

Chronologische Übersicht

Franken

482	Tod Childerichs; Herrschaftsantritt Chlodwigs
486	Sieg über das Syagrius-Reich
496	Sieg über Alamannen, Taufe Chlodwigs (?)
506	Niederschlagung eines alamannischen Aufstands
508	Sieg über Westgoten bei Vouillé
511	Tod Chlodwigs, Teilung des Reiches unter seinen Söhnen
533–547	Theudebert I
531	Sieg über Thüringer
534	Sieg über die Burgunder
536	Vertrag zwischen Ostgoten und Franken; südl. Hälfte der Alamannia fällt an die Franken
539	Einfall in Oberitalien
584	Einfall in die Poebene
591	Friedensschluss zwischen Franken, Langobarden und Baiuwaren

Langobarden

nach 488	Langobarden im Rugiland
um 505	Langobarden überschreiten mittlere Donau
508	Sieg über Heruler
526	Langobarden erweitern ihr Siedlungsgebiet nach Pannonien
um 547	Vertrag mit Ostrom, Langobarden erhalten Teile Pannoniens und Norikums
567	Sieg über Gepiden
568	Abwanderung nach Italien
584	fränkischer Einfall in die Poebene
591	Friedensschluss zwischen Franken, Langobarden und Baiuwaren

Ostgoten

375	nach hunnischem Einfall fliehen gotische Gruppen über die Donau ins römische Reich
378	Schlacht bei Adrianopel, Sieg der Goten über die Römer, Tod des Kaisers Valens
456/457–473	pannonisches Reich der Ostgoten
471	Theoderich wird König
473–488	ostgotische Züge auf dem Balkan
um 480–547	Hl. Benedikt von Nursia, Vater des abendländischen Mönchstums, Gründer des Benediktiner-Ordens
489	Einwanderung nach Italien
493	Ermordung Odoakers
526	Tod Theoderichs
535	Beginn der Gotenkriege Justinians I
536	Vertrag zwischen Ostgoten und Franken
539	fränkischer Einfall in Oberitalien
552	Schlacht bei den Busta Gallorum, Tod des ostgotischen Königs Totila, Schlacht am Mons Lactarius, Tod des ostgotischen Königs Teja
555	Kapitulation der letzten Goten in Italien, Ende der Gotenkriege Justinians I

Westgoten

um 350	Wulfila übersetzt die Bibel ins Gotische
375	nach hunnischem Einfall fliehen gotische Gruppen über die Donau ins römische Reich
378	Schlacht bei Adrianopel, Sieg der Goten über die Römer, Tod des Kaisers Valens
382	römischer Kaiser Theodosius schließt Föderatenvertrag mit Goten
391–401	Goten Alarichs auf dem Balkan
394	Goten als Föderaten in der Armee des Kaisers Theodosius beim Sieg über den Usurpator Eugenius in der Schlacht am Frigidus
395/397	Alarich wird als erster germanischer Herrscher zum *magister militum* ernannt
402	Einfall Alarichs ins Weströmische Reich
410	Plünderung Roms durch Alarich
412	Westgoten ziehen von Italien nach Südgallien
418–466	Westgoten als römische Föderaten in Aquitanien
418–508	Tolosanisches Westgotenreich
508	Schlacht bei Vouillé, Franken zerschlagen tolosanisches Westgotenreich
568–711/725	Teledanisches Reich
589	Westgotenreich unter Reccared wird katholisch

Angelsachsen

410	Rückzug Roms aus Britannien
429	erster Einfall der Sachsen nach Britannien
442	schwere Sachseneinfälle
560–616	Aethelberht von Kent, erster getaufter König
596	Papst Gregor der Gr. beginnt durch Augustinus die Missionierung der Angelsachsen

Slawen

517	Slaweneinfälle in das nördliche Balkangebiet
um 550	erste slawische Gruppen nachweisbar im Kontakt mit Langobarden und Gepiden
582–583	Einfälle slawischer Verbände nach Griechenland

Burgunder

413–436	Wormser Burgunderreich
436	Vernichtung des Burgunderreiches durch hunnische Hilfstruppen des römischen Feldherrn Aëtius
437	Umsiedlung der Reste der Burgunder in die Sapaudia (Savoyen)
443–534	Burgunderreich an der Rhône
534	Sieg der Franken, Ende des Burgunderreiches

Gepiden

454	antihunnische Koalition unter Führung des gepidischen Königs Ardarich, Schlacht am Nedao führt zur Zerschlagung des Hunnenreiches, Gepiden nehmen Dakien in Besitz
474	Gepiden besetzen das von den Ostgoten aufgelassene Slawonien und Sirmium
488	Niederlage in Kämpfen gegen Ostgoten Theoderichs
567	Langobarden und Awaren vernichten das Gepidenreich

Oströmisches Reich

383/395–408	Kaiser Arcadius
395	Teilung des Römischen Reiches
394	Schlacht am Frigidus, Sieg des Kaisers Theodosius über den Usurpator Eugenius
395–400	der Gote Gainas Heermeister
402/408–450	Kaiser Theodosius II
450–457	Kaiser Marcianus
457–474	Kaiser Leo I
527–565	Kaiser Justinian, Versuch der Wiederherstellung des römischen Reiches
532–537	Justinian lässt die Hagia Sophia in Konstantinopel errichten

Weströmisches Reich

395	Teilung des Römischen Reiches, Stilicho übernimmt die politische Führung der westlichen Reichshälfte
408	Hinrichtung Stilichos
410	Plünderung Roms durch Alarich
430	Aëtius wird Reichsfeldherr im Westen
454	Tod des Aëtius
455	Plünderung Roms durch Vandalen
476	Ende des Weströmischen Reiches; Odoaker setzt den letzten Kaiser Romulus Augustus ab und macht sich zum Herrscher über Italien

Vandalen

406	Vandalen, Alanen und Sueben überqueren in der Silvesternacht den zugefrorenen Rhein nahe Mainz
407–409	Vandalen, Alanen und Sueben ziehen plündernd durch Gallien
409–429	Vandalen, Alanen und Sueben auf der Iberischen Halbinsel
429	Vandalen, Alanen und Sueben setzen unter der Führung Geiserichs nach Afrika über
430	Besetzung von Hippo Regius
439	Besetzung Karthagos, das Hauptstadt des Vandalenreiches wird
442	Vertrag zwischen Rom und den Vandalen
455	Plünderung Roms durch Geiserich
474	Zeno und Geiserich schließen einen »ewigen« Frieden
477	Tod Geiserichs
477–484	Hunerich
483	Verfolgung der katholischen Kirche
533	Vernichtung des Vandalenreiches durch oströmische Truppen unter Belisar

Hunnen

375	Zerschlagung des Gotenreiches Ermanerichs
395	Vordringen hunnischer Verbände ins oströmische Reich bis nach Vorderasien
400	Uldin einigt die hunnischen Stämme
401	Uldin Verbündeter Ostroms
405	Uldin Verbündeter Westroms
415–420	Kriege der östlichen Hunnen mit dem persischen Sassanidenreich
433	Pannonien unter hunnischer Herrschaft
434	Tod Ruas, gemeinsame Herrschaft Attilas und Bledas
441	hunnische Einfälle in Thrakien
445	Attila nach Ermordung Bledas Alleinherrscher
447	erneut hunnische Einfälle in Thrakien und Griechenland mit schweren Kämpfen
449	römische Gesandschaft bei Attila
451	Zug Attilas nach Gallien; Schlacht auf den katalaunischen Feldern, hunnischer Einfall in Oberitalien
453	Tod Attilas
454	Schlacht am Nedao, Niederlage und Zerfall des hunnisches Reiches

Wichtige Funde aus Deutschland

Nydam

Aus den Mooren Nordeutschlands und Dänemarks sind zahlreiche Funde bekannt, die als Kriegsbeute oder rituelle Opfer zu deuten sind. Mit dem Namen Nydam, einem Moor bei Sonderburg, Dänemark, nördlich von Flensburg, sind zwei wichtige Fundkomplexe der Völkerwanderungszeit verbunden.

Das Nydam-Schiff war seit seiner Ausgrabung durch Carl Engelhardt, 1863, ein bewegter Gegenstand deutsch-dänischer Geschichte. Das um 320 n. Chr. irgendwo in der westlichen oder mittleren Ostsee auf Kiel gelegte Kriegsschiff war nur eines von dreien, allerdings das am besten erhaltene, geruderte Hochseeschiff, dessen Reste im Moor von Nydam entdeckt wurden. Seine Länge beträgt ca. 23 m, seine Breite 3,5 m. Die Wasserverdrängung liegt bei bei 7,8 Tonnen plus 1 t Ballast. Diese Bemaßungen ergeben ein Schiff, dessen Besatzung aus 45 Mann bestand, von denen etwa 30 Ruderer waren. Die Planken waren aus Eiche gezimmert und die 5 Plankengänge erreichten eine Höhe von 1 m mittschiffs. Boote dieses Typs waren weniger zum Warentransport geeignet denn zu militärischen Zwecken. Seine Wendigkeit war erheblich und mit der starken Ruderbesatzung konnten recht hohe Geschwindigkeiten bis zu 8 Knoten erreicht werden. Die mit dem Boot geborgenen Funde legen die Vermutung nahe, dass das Boot um die Mitte des 4. Jh. n. Chr. versenkt wurde. Das Schiff ist wahrscheinlich Teil eines historisch unbekannten Krieges, der sich am Beginn der Völkerwanderungszeit im Ostseegebiet ereignet hat. Wir kennen die späten Folgen mit der angelsächsischen Besiedlung Englands, die ihren Ursprung wohl in diesen Auseinandersetzungen des 4. Jh. hatten.

Das von Engelhardt 1863 geborgene Waffenopfer besteht aus über 1000 Waffen, darunter 350 Speere, 380 Lanzenspitzen, Teile von über 100 eisernen Schwertern und Pfeil und Bogen. Zusammen kommt man in einer Hochrechnung, die von einer einfachen Bewaffnung, nicht von einer »Überbewaffnung«, ausgeht, auf mindestens 350 bis maximal 500 Krieger, die hier in einem Kampf unterlegen waren. Die Waffen lassen deutliche Kampfspuren erkennen sowie absichtliche Beschädigungen, bevor sie im Moor geopfert wurden. Solche Bräuche sind in den gleichzeitigen römischen Schriftquellen überliefert, wobei Menschenopfer offenbar keine Rolle gespielt haben. Die Opferungen in Nydam und auch in anderen Mooren

Mit Schiffen wie dem in Nydam gefundenen konnten Sachsen, Angeln und Jüten Kriegszüge durchführen und größere Personengruppen über den Kanal auf die britische Insel befördern.

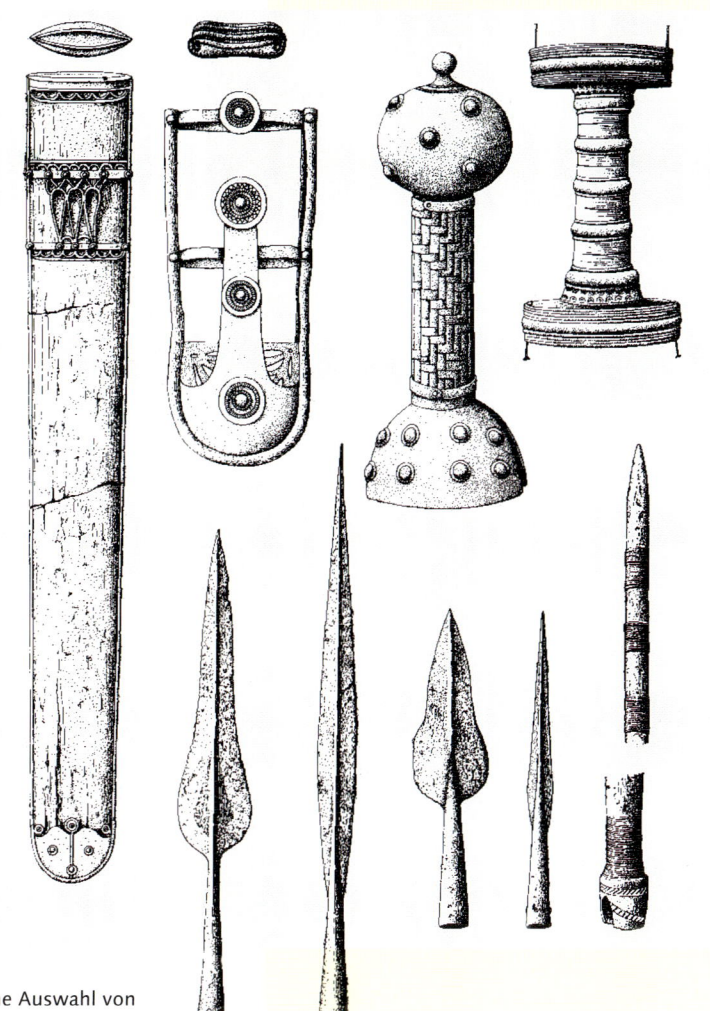

sind kein einzelnes Ereignis. In Nydam lassen sich mindestens drei bzw. vier größere Niederlegungen aus zwei bzw. drei Jahrhunderten identifizieren. Neuere dänische Ausgrabungen haben eine Vielzahl weiterer Waffen zutage gefördert, die erkennen lassen, dass von Engelhardt nur ein Teil des Opferplatzes erforscht wurde und seine ganze Dimension erst noch erschlossen werden muss. Da das Beutegut überwiegend aus Skandinavien zu stammen scheint, offenbart sich in den Opferfunden eine längere historische »Kriegsphase« im Ostseeraum, in der die jütische Halbinsel im 3. und 4. Jh. Schauplatz von Kämpfen erheblichen Ausmaßes war. Offenbar zu weit entfernt vom römischen Reichsgebiet, haben diese regional bedeutenden Ereignisse in der römischen Geschichtsschreibung keinen Niederschlag gefunden. Wir erkennen hier auch die Wahrnehmungsgrenzen der römischen Welt. Es fällt auf, dass am Ende dieser Kriegsphase auch der germanische Norden von der Völkerwanderung erfasst wird und Angeln, Jüten und Sachsen auswandern und Teile Britanniens erobern..   M. K.

ne Auswahl von Waffen aus Opferfunden des 3. bis 5. Jh. zeigt das Spektrum dessen, was von siegreichen Heeren den Göttern zum Opfer dargebracht wurde.

Reiche germanische Gräber aus Zwochau

Zahlenmäßig kleine Gräberfelder sind charakteristisch für die völkerwanderungszeitlichen Germanengruppen in Mitteleuropa. Das 1998 im sächsischen Zwochau, im Landkreis Delitzsch, entdeckte Gräberfeld ist ein typischer Fall. Auf einem Areal von 10 × 35 m konnten insgesamt 34 Körpergräber freigelegt werden, die sehr dicht, zum Teil mit leichten Überschneidungen der Grabgruben angelegt worden waren.

Zwei Bestattungen aus dem östlichen Teil der Nekropole sind hervorzuheben. Eine weibliche Bestattung enthielt ein Beigabenensemble bestehend aus einem Dreilagenkamm aus Geweih, mehreren Tongefäßen und einem Gürtelgehänge aus eisernem Hakenschlüssel, Bronzering und Glasperlen. Der Trachtschmuck setzt sich aus zwei silbernen Fibeln vom Typ Wiesbaden an den Schultern und einer einfachen eiserner Gürtelschnalle zusammen. Als Halsschmuck diente ein reiches Kollier aus etwa 50 Bernsteinperlen. Die größte besitzt allein einen Durchmesser von fast 4 cm. Einzelne Perlengruppen werden durch silberne Ringe getrennt, auf denen selbst noch einmal kleine Bernsteinperlen aufgezogen sind. Diesem Frauengrab aus der germanischen Führungsschicht ist ein westlich benachbartes Männergrab ebenbürtig.

Beigaben aus dem Männe[r]
(rechts) und dem Frauen-
grab (links).

Eine etwa 3 m × 3 m große Kammer hat Pfostenlöcher in allen vier Ecken, die als Hinweis auf ein regelrechtes Totenhaus gedeutet werden können. Als Waffe ist eine fast einen Meter lange eiserne Spatha beigegeben. Zwei silberne, zum Teil vergoldete Beschläge eines breiten Gürtels lassen aufgrund ihres Wertes den Rang des Verstorbenen erahnen. Eine einfache bronzene Fibel dient als Mantelverschluss. Neben dem Toten lagen Gefäß- und Fleischbeigaben sowie ein Knochenkamm mit glockenförmiger Griffplatte, eine Bronzepinzette, eine kleine Bronzeschnalle und eiserne Geräte.

Über die Fundstücke, besonders die zahlreichen Fibeln ist der Bestattungsplatz allgemein in die Zeit von 375 bis 450 n. Chr. zu datieren. Aufgrund fehlender historischer Quellen ist die ortsansässige Bevölkerung keinem der bekannten germanischen Stammesverbände zuzuordnen.

M. K.

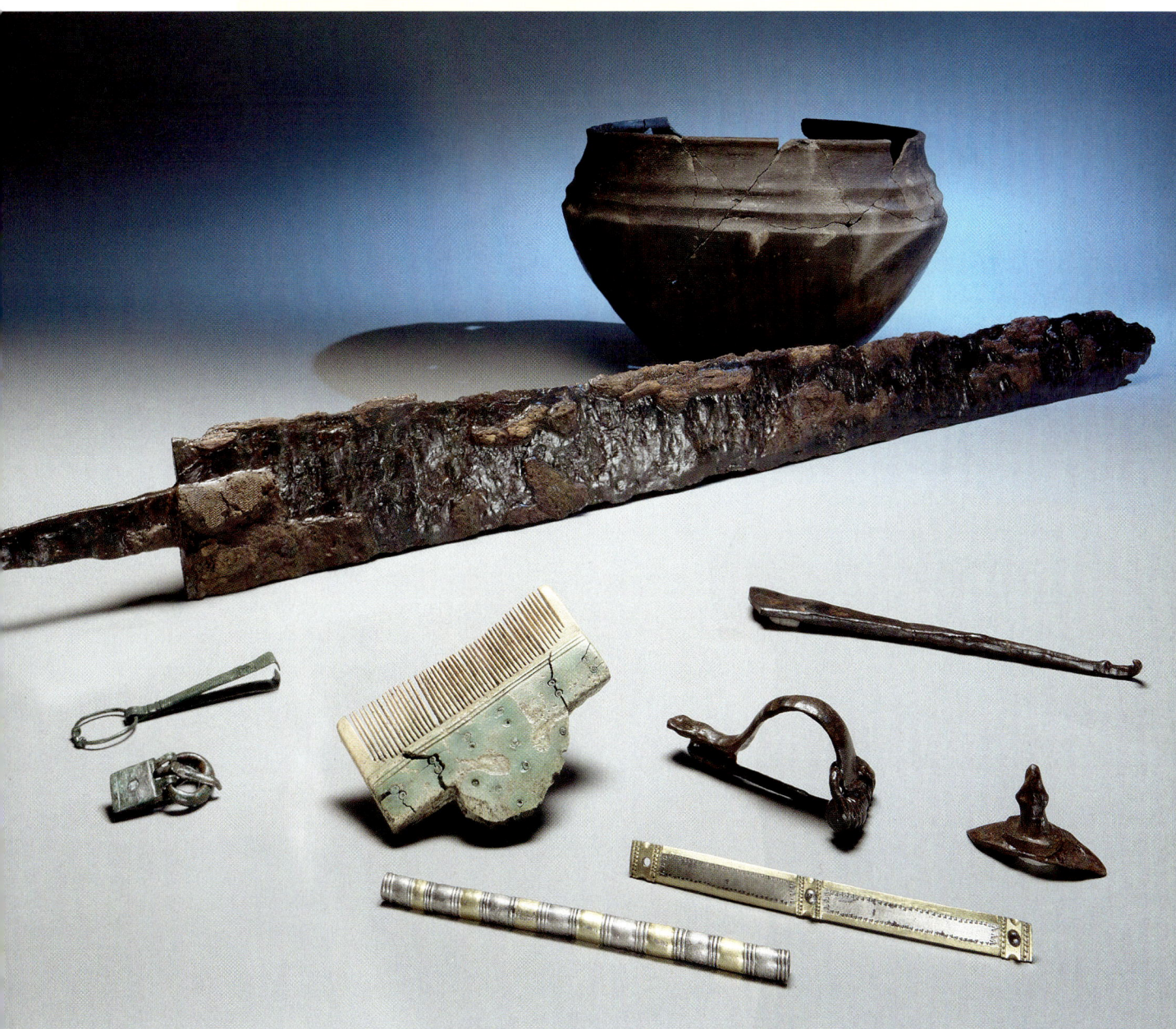

Das Grab von Wolfsheim

Bereits 1870 wurde im rheinhessischen Wolfsheim (Kr. Mainz-Bingen) im Bereich einer spätantiken Nekropole eines der bekanntesten völkerwanderungszeitlichen Gräber Mitteleuropas entdeckt. Die Bestattung wurde in der ersten Hälfte des 5. Jh. angelegt und wird mit der
Ansiedlung burgundischer Foederaten in Ver-
bindung gebracht. Zur überaus reichen Ausstattung zählten ein massiv goldener Kolben-
armring, eine goldene Mantelfibel und ein goldener Halsring. Die Goldfunde entsprechen
aufgrund ihres Gewichtes ca. 100 eingeschmol-
zenen Münzen (Solidi). Darüber hinaus enthielt das Grab einen 364/367 geprägten Soli-
dus des Kaisers Valens aus der Münzstätte
Aquileia. Von der Bewaffnung ist lediglich
ein großer Bernsteinanhänger erhalten, der
als magischer Schwertanhänger diente.

Den ungewöhnlichsten Fund des Wolfsheimer Grabes stellt eine kastenförmige Gold-
fassung mit Einlagen aus runden und quadra-
tischen Almandinplättchen dar, die vermutlich am Halsring angebracht war. Auf der
Rückseite ist in Pehlewi (mittelpersisch) der
Name Ardaxšir eingepunzt, den u. a. der Gründer der Sassanidendynastie trug. Die Inschrift
ließ bereits früh erkennen, dass es sich um
eine persische Arbeit handelt. Von dem in
Wolfsheim bestatteten Germanen wurde das
Objekt in sekundärer Verwendung genutzt,
denn ursprünglich diente die rechteckige
Platte als Teil eines Manschettenarmbandes.
Das Objekt mit der persischen Inschrift ver-
deutlicht die hohe Mobilität der völkerwanderungszeitlichen Krieger. Der Wolfsheimer
Militärführer stand zum Zeitpunkt seines To-
des in römischen Diensten. Zuvor hatte er
anscheinend an Auseinandersetzungen gegen die Sassaniden teilgenommen, ohne dass
der Zeitpunkt genauer zu bestimmen wäre.
Ebenso unklar ist, ob er auch dabei in römischen Diensten stand oder eventuell Teilneh-
mer einer hunnischen Expedition war. D. Q.

Wolfsheim.

Das Kriegergrab aus Altlußheim

Spatha aus Altlußheim.

Aufgrund der unsachgemäßen Bergung sind nur wenige Funde des 1932 in Altlußheim (Rhein-Neckar-Kreis) bei Erdarbeiten zufällig entdeckten Grabes erhalten. Die Scheide des prächtigen Schwertes war im oberen Bereich mit einem Goldblech verkleidet. Die breite Parier»stange« bestand aus einer kastenförmigen Konstruktion aus Bronzeblech und war auf der Schauseite flächig cloisonniert. Vergleichbare Griffquerstücke zeigen ein deutlich gehäuftes Vorkommen im Raum nördlich und östlich des Schwarzen Meeres. In der Forschung werden derartige Schwerter deshalb auch als »pontischer Typ« bezeichnet, was für einige Archäologen auch das Ursprungsgebiet dieser Waffen beschreibt. Andere Kollegen vermuten dagegen, dass es sich um Schwerter aus oströmischen Werkstätten handelt. Das Altlußheimer Schwert stammt in jedem Fall aus dem Osten. Eine weitere Auffälligkeit unterstreicht die weit reichenden Beziehungen des Bestatteten, die sicher auf persönliche Mobilität im Heeresdienst zurückzuführen sind. Als Abschluss seiner Schwertscheide hatte er ein Griffquerstück aus Lapislazuli anbringen lassen. Vergleichbare »Parierstangen« aus Schmucksteinen sind außerhalb des chinesischen Gebietes nur aus wenigen sarmatischen bzw. alanischen Bestattungen sowie aus einem römerzeitlichen Grab aus Chersones auf der Krim belegt. Leider sind sämtliche Befunde nicht präziser datierbar als in die ersten drei nachchristlichen Jahrhunderte. Der Altlußheimer Krieger hat dieses zu seinen Lebzeiten schon alte Griffquerstück bewusst nicht in dieser Funktion genutzt, ganz unabhängig davon, ob es überhaupt an seiner Spatha anzubringen gewesen wäre. Er verfügte über eine repräsentative Waffe mit cloisonnierter Parierstange, die den Kriegern und Militärführern, in deren Gesellschaft er sich aufhielt, sehr deutlich seinen Status anzeigte. Ein in diesem Milieu und zu dieser Zeit völlig ungewöhnliches Griffquerstück aus Lapislazuli hätte diesen Zweck sicher nicht erfüllt.

Es gibt unterschiedliche Interpretationen des Altlußheimer Grabes. Einige Archäologen halten den Toten für ein Mitglied der Führungsschicht des Hunnenreiches, andere sehen in ihm einen Barbaren in römischen Diensten, wieder andere einen Burgunder. Dabei braucht bei den z.T. wirren, häufig wechselnden militärischen Konstellationen eine Möglichkeit keinesfalls die andere auszuschließen.

D. Q.

Die Schatzfunde von Großbodungen und Dortmund

Ein bemerkenswerter Schatzfund wurde 1936 im thüringischen Großbodungen (Kr. Eichsfeld) entdeckt. Er bestand aus 21 Goldmünzen (Solidi), deren jüngste Prägungen von Constantin III. (407–411) stammen. Ungewöhnlich sind die Fragmente römischer Silbergefäße. Eine 26 cm große Silberplatte mit Darstellung des Kaisers wurde zerhackt; nur Teile gelangten in den Schatz. Sie war von sehr hoher Qualität. Dies gilt auch für die Fragmente einer zweiten Platte oder Schale, deren Rand mit Fischerszenen verziert ist. Beide Gefäße wurden um 390 in Trierer Werkstätten hergestellt. Darüber hinaus fanden sich auch Reste eines Bronzegefäßes im Großbodunger Schatz. Auf den ersten Blick könnte man vermuten, die Objekte seien im Rahmen einer erfolgreichen Plünderung in den Besitz eines Thüringers gelangt. Vor allem die trotz hoher künstlerischer Qualität zerhackten Silberschalen könnten diesen Gedanken nahe legen. Doch kommt sog. Hacksilber häufiger in völkerwanderungszeitlichen Hortfunden vor, allerdings nur in Südskandinavien und England. Einzig der Metallwert war bestimmend. In den Gesellschaften, die keine monetäre Wirtschaftsweise kannten, mussten z. B. Silbergefäße in »tauschbare« Stücke zerteilt werden. Die Zusammensetzung des Großbodunger Hortes lässt eher vermuten, dass er durch Zahlungen und Geschenke (Kaiserschale) für geleistete Dienste im römischen Reich zusammenkam. Gerade vom gallischen Usurpator Constantin III. ist aus den Schriftquellen bekannt, dass er germanische Truppen angeworben hat, allerdings werden nur Franken, Burgunder und Alamannen genannt. Da die jüngsten Prägungen des Großbodunger Schatzes von Constantin III. stammen, könnte er durchaus den Besitz eines thüringischen Söldnerführers repräsentieren. Warum der diesen vergrub, bleibt allerdings unbekannt.

Ebenfalls im Kontext der Truppenanwerbungen Constantins III. wird der größte Solidusfund nördlich der Alpen gesehen, der 1908 in der Ritterstraße in Dortmund entdeckt wurde. Zusammen mit drei goldenen Halsringen fanden sich in und um ein Tongefäß herum 444 Gold- und 16 mehr oder minder fragmentierte Silbermünzen. Die Solidi wurden zwischen 335 und 411 zum größten Teil in offiziellen Münzstätten geprägt, doch liegen auch eine Fälschung und 13 barbarische Nachahmungen vor. Viele der älteren Stücke weisen Durchlochungen oder Spuren von Henkelungen auf; sie wurden als Schmuck getragen. Neuere numismatische Untersuchungen haben gezeigt, dass der Dortmunder Schatzfund keinesfalls der Niederschlag einer einmaligen Soldzahlung sein kann. Allein die Goldmünzen deuten auf zwei Teile hin, aus denen der Hort zusammengesetzt wurde: einer aus den Jahren um 410 und ein anderer, 30–40 Jahre älterer. Hinzu kommen als dritter Teil die Silbermünzen (»Argentei«) und (vermutlich) die drei goldenen Halsrin-

Schatzfund von Großbodungen.

Schatzfund von Dortmund.

ge. Vergleichbare Halsringe sind zwar schon im späten 4. Jh. bekannt, etwa aus dem Münzschatz aus Westerkappeln in Westfalen, doch zeigt der Schatzfund aus dem niederländischen
Velp mit zwei zwischen 426 und 430 in Ravenna geprägten Medaillons der Galla Placida, dass
die Form auch im zweiten Viertel des 5. Jh. noch gängig war. Datierend für die Niederlegung
sind allerdings die »Argentei«, die nach neueren Untersuchungen erst nach der Mitte des
5. Jh. geprägt wurden. Der Dortmunder Hort dürfte einen über mehrere Generationen an-
gesammelten Familienschatz darstellen. Die ehemaligen Besitzer hatten sicher mehrfach für
römische Kaiser im Dienst gestanden, zuletzt für den Usurpator Constantin III. Doch wurde
dieser Schatz erst ein bis zwei Generationen später verborgen. Vermutlich war es nach dem
endgültigen Zusammenbruch der spätrömischen Grenzverteidigung auch zu Veränderungen
im Machtgefüge der im ehemaligen Limesvorland ansässigen Gruppen gekommen, infolge
derer der Dortmunder Schatz in den Boden gelangt sein könnte.   D. Q.

Literatur

Archäologie und Migration

M. Andresen, Studien zur Geschichte und Methodik der archäologischen Migrationsforschung (Münster 2004). (vgl. dazu auch die Rezension von St. Burmeister in: Arbeitsgemeinschaft Theorie in der Archöologie, Rundbrief 1–2, 3, 2004, 24–34).

D.W. Anthony, Migration in archaeology: the baby and the bathwater. American Anthropologist 92, 1990, 895–914.

D.W. Anthony, The bath refilled: migration in archaeology again. American Anthropologist 94, 1994, 174–176.

Archäologische Informationen 19, 1996 und 20/1, 1997 (beide Hefte dieser Zeitschrift mit dem Themenschwerpunkt »Völkerwanderungen – Migrationen«).

A. Bitner-Wróblewska, From Samland to Rogaland. East-West connections in the Baltic basin during the Early Migration Period (Warszawa 2001).

I. Bóna, Der Anbruch des Mittelalters. Gepiden und Langobarden im Karpatenbecken (Budapest 1976).

J.-L. Boudartchouk, La nécropole franque de Ictium à L'Île-Jourdain (Gers, Midi-Pyrénées, France). Acta Praehistorica et Archaeologica 30, 1998, 126–136.

S. Burmeister, Ursachen und Verlauf von Migrationen – Anregungen für die Untersuchung prähistorischer Wanderungen. In: Studien zur Sachsenforschung 11 (Oldenburg 1998) 19–41.

S. Burmeister, Archaeology and Migration. Approaches to an archaeological proof of migration. Current Anthropology 41, 2000, 539–567. (mit Kommentaren von M. Andresen; D.W. Anthony; C.M. Cameron; J. Chapman; M.K.H. Eggert; H. Härke [553–559] und einer Erwiderung [559–561]).

T. Champion, Migration revived. Journal of Danish Archaeology 9, 1990, 214–218.

J. Chapman/P.M. Dolukhanov, The baby and the bathwater: pulling the plug on migrations. American Anthropologist 94, 1992, 169–174.

J. Chapman/H. Hamerow (Hrsg.), Migration and Invasion in archaeological explanation. BAR International Series 664 (Oxford 1997).

F. Daim, Gedanken zum Ethnosbegriff. Mitteilungen der anthropologischen Gesellschaft in Wien 112, 1982, 58–71.

G. Dobesch, Die Kimbern in den Ostalpen und die Schlacht bei Noreia. Mitt. Österreich. Arbeitsgem. Ur- u. Frühgesch. 32, 1982, 51–78.

G. Fouet, Une sépulture wisigotique à Valentine (Hte-Gne). In: Pallas. Mélanges offerts à Monsieur Michel Labrousse (Toulouse 1986) 393–411.

M. Gebühr, Experiment: Ursachen für die Räumung Fünens im 5. Jahrhundert n. Chr. In: Experimentelle Archäologie in Deutschland. Archäologische Mitteilungen aus Nordwestdeutschland, Beiheft 4 (Oldenburg 1990) 45–54.

M. Gebühr, Angulus desertus? In: Studien zur Sachsenforschung 11 (Oldenburg 1998) 43–85.

K. Godłowski, Germanische Wanderungen im 3. Jh. v. Chr. 6. Jh. n. Chr. und ihre Widerspiegelung in den historischen und archäologischen Quellen. In: E. Straume/E. Skar (Hrsg.), Peregrinatio Gothica III (Oslo 1992) (= Universitetets Oldsaksamlings Skrifter, Ny rekke 14) 53–75.

R. Hachmann, Die Goten und Skandinavien (Berlin 1970).

P. Han, Soziologie der Migration (Stuttgart 2000).

J.M. Kemble, On mortuary urns found at Stade-on-the-Elbe, and other parts of North-Germany, now in the Museum of the Historical Society of Hannover. Archaeologia 36, 1855, 270–283 (erneut abgedruckt in: Ders., Horae Ferales, or Studies in the archaeology of the Northern nations (London 1863) 221–232.

B. Magnus, Brooches on the move in Migration Period Europe. Fornvännen 99, 2004, 273–283.

R. Prien, Archäologie und Migration. Vergleichende Studien zur archäologischen Nachweisbarkeit von Wanderungsbewegungen. Universitätsforschungen zur prähistorischen Archäologie 120 (Bonn 2005).

I. Rouse, Migrations in Prehistory. Inferring population movement from culutural remains New Haven, London 1986).

L. Vajda, Zur Frage der Völkerwanderungen. Paideuma 19/20, 1973/74, 5–53.

J. Werner, Zur Verbreitung frühgeschichtlicher Metallarbeiten (Werkstatt – Wanderhandwerk – Handel – Familienverbindung). Early Medieval Studies 1. Antikvariskt Arkiv 38 (Stockholm 1970) 65–81.

E.B.W. Zubrow/M. Frachetti, Changing worldview of prehistoric populations. In: L. Larsson/ B. Stjernquist (Hrsg.), The world-view of prehistoric man. Kungl. Vitterhets Historie och Antikvitets Akademien Konferenser 40 (Stockholm 1998) 27–63.

Internet:
Datenbank zum Thema »Fremde im Frühmittelalter. Migration – Integration – Akkulturation« (ab September 2005): www.rgzm.de/foreigners

Aus römischer Sicht

P. J. Geary, Europäische Völker im frühen Mittelalter. Zur Legende vom Werden der Nationen (Frankfurt 2001).

P. J. Geary, Die Merowinger, Europa vor Karl dem Großen (München 1996)

D. Geuenich, Geschichte der Alemannen (Stuttgart/Berlin/Köln 1997).

M. König (Hrsg.), Palatia. Kaiserpaläste in Konstantinopel, Ravenna und Trier. Schriftenreihe des Rheinischen Landesmuseums Trier 27 (Trier 2003).

W. Pohl, Die Germanen. Oldenbourgs Enzyklopädie der deutschen Geschichte 57 (München 2000).

W. Pohl, Die Völkerwanderung. Eroberung und Integration (Stuttgart/Berlin/Köln 2002).

F. Prinz, Deutschlands Frühgeschichte. Kelten, Römer und Germanen (Stuttgart 2003).

F. Prinz, Europäische Grundlagen deutscher Geschichte (4.–8. Jahrhundert). Gebhardt Handbuch der deutschen Geschichte. 10. Auflage. Band 1 (Stuttgart 2004).

K. Rosen, Die Völkerwanderung (München 2002).

H. Wolfram, Das Reich und die Germanen. Zwischen Antike und Mittelalter (Berlin 1990).

H. Wolfram, Die Goten. Von den Anfängen bis zur Mitte des 6. Jahrhunderts (München [4]2000).

Die Hunnen

F. Altheim, Geschichte der Hunnen. 2. Aufl.; 5 Bände (Berlin 1962–1975).

B. Anke, Studien zur reiternomadischen Kultur des 4. bis 5. Jahrhunderts (Weissbach 1998).

F.H. Bäuml/M.D. Birnbaum (Hrsg.), Attila. The Man and his age (Budapest 1993)

I. Bóna, Das Hunnenreich (Stuttgart 1991).

Germanen, Hunnen und Awaren. Ausstellungskat. (Nürnberg 1987).

O.J. Maenchen-Helfen, Die Welt der Hunnen. Eine Analyse ihrer historischen Dimension (Wien, Köln, Graz 1978).

M. Kazanski, Les Huns (archéologie). In: Encyclopaedia Universalis. Band 11 (Paris 1989) 744–750.

M. Kazanski, Les Goths et les Huns. A propos des relations entre les Barbares sédentaires et les nomades. Archéologie Médiévale 22, 1992, 191–229.

M. Kazanski, The sedentary Elite in the »empire« of the Huns and its impact on material civilisations in Southern Russia during early middle ages (5th–7th centuries AD). In: J. Chapman/P. Dolukhanov (Hrsg.), Cultural transformations and interactions in Eastern Europe (Aldershot 1993) 211–235.

M. Nagy, Hunkori férfísír Budapest-Zuglóból. In: Gy. Viga/Sz. A. Holló/E. Cs. Schwalm (Hrsg.), Vándorutak – Múzeumi örökség. Tanulmányok Bodó Sándor tiszteletére, 60. születésnapja alkalmából (Budapest 2003) 297–325.

Reitervölker aus dem Osten. Hunnen + Awaren. Ausstellungskat. Schloß Halbturn (Eisenstadt 1996).

A. Scarel (Hrsg.), Attila e gli Unni. Mostra itinerante (Rom 1995).

S. Blason Scarel (Hrsg.), Attila. Flagellum Dei. Convegno internazionale di studi storici sulla figura di Attila e sula discesa degli Unni in Italia nel 452 d. C. (Rom 1994).

T. Schäfer, Untersuchungen zur Gesellschaft des Hunnereiches auf kulturanthropologischer Grundlage (Hamburg 1998).

P. Tomka, Az árpási 5. századi sír [Grab in Árpás aus dem 5. Jh.]. Arrabona 39, 2001, 161–188 [181].

A. P. Umanskij, Pogrebenije epochi »velikogo pereselenija narodov« na Čaryše. In: Drevnie kul'tury Altaja i zapadnoj Sibiri (Novosibirsk 1978) 129–163.

J. Werner, Beiträge zur Archäologie des Attila-Reiches. Bayerische Akademie der Wissenschaften. Philosophisch-Historische Klasse NF 38 (München 1956).

A. Wieczorek/P. Périn (Hrsg.), Das Gold der Barbarenfürsten. Ausstellungskat. Mannheim (Stuttgart 2001).

G. Wirth, Attila. Das Hunnenreich und Europa (Stuttgart 1999).

I. P. Zaseckaja, Kul'tura kočevnikov južnorusskich stepej v gunnskuju epohu (konec IV–V vv.) (Sankt Petersburg 1994).

I. P. Zaseckaja, Les steppes pontiques à l'époque hunnique. In: J. Tejral/Chr. Pilet/M. Kazanski (Hrsg.), L'Occident romain et l'Europe centrale au début de l'époque des Grandes Migrations (Brno 1999) 341–356.

Goten und Gepiden

Barbarenschmuck und Römergold. Der Schatz von Szilágysomlyó. Ausstellungskatalog Kunsthistorisches Museum Wien, hrsg. von W. Seipel (Wien 1999).

V. Bierbrauer, Archäologie und Geschichte der Goten vom 1.–7. Jahrhundert. Versuch einer Bilanz. Frühmittelalterliche Stud. 28, 1994, 51–171.

V. Bierbrauer, Gepiden in der Wielbark-Kultur (1.–4. Jhd. n. Chr.)? Eine Spurensuche. In: Studien zur Archäologie des Ostseeraumes. Festschrift für M. Müller-Wille, hrsg. von A. Wesse (Neumünster 1998) 389–403.

I. Bóna, Der Anbruch des Mittelalters. Gepiden und Langobarden im Karpatenbecken (Budapest 1976).

D. Csallány, Archäologische Denkmäler der Gepiden im Mitteldonaubecken (454–568 u. Z.). Arch. Hung., N. S. 38 (Budapest 1961).

Germanen, Hunnen und Awaren. Ausstellungskatalog. Germanisches Nationalmuseum Nürnberg, hrsg. von G. Bott (Nürnberg 1988).

W. Giese, Die Goten (Stuttgart 2004).

Das Gold der Barbarenfürsten. Schätze aus Prunkgräbern des 5. Jahrhunderts n. Chr. zwischen Kaukasus und Gallien. Ausstellungskatalog Reiss-Museum Mannheim, hrsg. von A. Wieczorek/P. Périn (Stuttgart 2001).

Goldhelm, Schwert und Silberschätze. Reichtümer aus 6000 Jahren rumänischer Vergangenheit. Ausstellungskatalog Kunsthalle Schirn, Frankfurt, hrsg. von W. Meier-Arendt / L. Marinescu (Frankfurt a. M. 1994)

I Goti. Ausstellungskatalog Milano, hrsg. von V. Bierbrauer/O. von Hessen/E. A. Arslan (Milano 1994).

M. Kazanski, Les Goths (Ier–VIIe après J.-C.) (Paris 1991).

A. Kokowski, Archäologie der Goten. Goten im Hrubieszów-Becken (Lublin 1999).

W. Pohl, Die Gepiden und die gentes an der mittleren Donau nach dem Zerfall des Attilareiches. In: H. Wolfram / F. Daim (Hrsg.), Die Völker an der mittleren und unteren Donau im fünften und sechsten Jahrhundert. Österreichische Akademie der Wissenschaften, Philosophisch-Historische Klasse, Denkschriften 145 (Wien 1980) 240–272.

M. Schmauder, Oberschichtgräber und Verwahrfunde in Südosteuropa im 4. und 5. Jahrhundert. Zum Verhältnis zwischen spätantikem Reich und barbarischer Oberschicht aufgrund der archäologischen Quellen. Archaeologica Romanica 3 (Bukarest 2002).

J. Tejral, Neue Aspekte der frühvölkerwanderungszeitlichen Chronologie im Mitteldonauraum. In: Neue Beiträge zur Erforschung der Spätantike im mittleren Donauraum (Brno 1997) 321–362.

H. Wolfram, Die Goten. Von den Anfängen bis zur Mitte des sechsten Jahrhunderts (München 1990[3]).

Die Vandalen

Prokop, Vandalenkriege griechisch-deutsch. Übers. O. Veh (München 1971).

Victor of Vita, History of the Vandal Persecution (Historia persecutionis Africanae provinciae). Übers. J. Moorhead (Liverpool 1992).

Anthologia Latina, sive poesis latinae supplementum I. Carmina in codicibus scripta 1: Libri Salmasiani aliorumque carmina. Hrsg. A. Riese (Leipzig 1869).

A. Ben Abed/ N. Duval, Carthage, la capital du royaume et les villes de Tunisie à l'époque vandale. In: G. Rippoll/J.M. Gurt (Hrsg.), Sedes Regiae (Barcelona 2000) 163–218.

Chr. Courtois, Les Vandales et l'Afrique (Paris 1955).

H.-J. Diesner, Das Vandalenreich. Aufstieg und Untergang (Stuttgart 1966).

Chr. Eger, Vandalische Grabfunde aus Karthago. Germania 79, 2001, 347–390.

J. H. Humphrey, Vandal and Byzantine Carthage. Some new archaeological evidence. In: J.G. Pedley (Hrsg.), New Light on Ancient Carthage (Ann Arbor 1980) 1–22.

G.G. Koenig, Wandalische Grabfunde des 5. und 6. Jhs. Madrider Mitteilungen 22, 1981, 299–360.

M. Mackensen, Die spätantiken Sigillata- und Lampentöpfereien von El Mahrine (Nordtunesien) (München 1993).

W. Pohl, Die Völkerwanderung. Eroberung und Integration (Stuttgart 2002) 70–86.

P. von Rummel, Habitus Vandalorum? Zur Frage nach einer gruppenspezifischen Kleidung der Vandalen in Nordafrika. Antiquité Tardive 10, 2002, 131–141.

Ph. von Rummel, Der Forschungsstand zum afrikanischen Vandalenreich nach den internationalen Kolloquien »L'Afrique vandale et byzantine« in Tunis und Paris 2001/02. Ethnogr.-arch. Zeitschr. 2004/1, 85–97.

P. von Rummel, North African Towns and the Vandal Kingdom. In: S. Barnish/ A.Rodolfi (Hrsg.), Vandals and Suebi: An Ethnographic Perspective (San Marino, in Vorbereitung).

Schmidt, L., Geschichte der Wandalen (München 1942²).

Die Burgunder

»Burgunden«, in: Reallexikon der Germanischen Altertumskunde 4 (Berlin, New York 1981) 224–271.

H. Gaillard de Semainville (Hrsg.), Les Burgondes. Apports de l'archéologie. Actes. Coll. Internat. Dijon 5.–6. novembre 1992 (Dijon 1995).

R. Kaiser, Die Burgunder (Stuttgart 2004).

A. Leube, Die Burgunden bis zum Untergang ihres Reiches an der oberen Rhône im Jahre 534. In: B. Krüger u. a., Die Germanen. Geschichte und Kultur der germanischen Stämme in Mitteleuropa. Band II (Berlin 1986) 361 ff.

Von der multikulturellen Gesellschaft zum staatstragenden Volk

J. Favrod, Histoire politique du royaume burgonde (443–534). Bibliothèque historique vaudoise 113 (Lausanne 1997).

H. Gaillard de Sémainville, Les Burgondes – Apports de l'archéologie, Actes du colloque international de Dijon 1992 (Dijon 1995).

R. Kaiser, Die Burgunder (Stuttgart 2004).

W. Leitz, Das Gräberfeld von Bel-Air bei Lausanne. Frédéric Troyon (1815–1866) und die Anfänge der Frühmittelalterarchäologie. CAR 84 (Lausanne 2002).

R. Marti, Das frühmittelalterliche Gräberfeld von Saint-Sulpice VD. Cahiers d'archéologie romande (=CAR) 52 (Lausanne 1990).

R. Scharf, Spätrömische Studien. Prosopographische Studien und quellenkundliche Untersuchungen zur Geschichte des 5. Jahrhunderts nach Christus. Mannheimer historische Forschungen 9 (Mannheim 1996).

L. Steiner/ F. Menna, La nécropole du Pré de la Cure à Yverdon-les-Bains (IVe–VIIe s. ap. J.-C.). CAR 75 (Lausanne 2000).

I. Wood, s.v. Origo gentis §5: Burgunden, in Reallexikon der Germanischen Altertumskunde 22 (Berlin, New York 2003) 195–199.

Romanen in Deutschland

H. Ament, Franken und Romanen im Merowingerreich als archäologisches Forschungsproblem. Bonner Jahrbücher 178, 1978, 377–394.

H. Ament, Romanen an Rhein und Mosel im frühen Mittelalter. Archäologische Bemühungen um ihren Nachweis. Bonner Jahrbücher 192, 1992, 261–271.

L. Bakker/G. Fleps, Spätrömische und frühmittelalterliche Gräber am Kitzenmarkt in Augsburg. Das archäologische Jahr in Bayern 2001 (2002) 96–100.

M. Bertram, Die frühmittelalterlichen Gräberfelder von Pocking-Inzing und Bad Reichenhall-Kirchberg. Rekonstruktion zweier Altgrabungen. Museum für Vor- und Frühgeschichte Berlin, Bestandskatalog 7 (Berlin 2002).

V. Bierbrauer, Romanen im fränkischen Siedelgebiet. In: Die Franken – Wegbereiter Europas. Ausstellungskatalog Mannheim 1996/97 (Mainz 1996) 110–120.

H. Dopsch, Zum Anteil der Romanen und ihrer Kultur an der Stammesbildung der Bajuwaren. In: H. Dannheimer/H. Dopsch (Hrsg.), Die Bajuwaren. Von Severin bis Tassilo 488–788. Ausstellungskatalog Rosenheim/Mattsee 1988 (München, Salzburg 1988) 47–54.

W. Haubrichs, Sprache und Sprachzeugnisse der merowingischen Franken. In: Die Franken – Wegbereiter Europas. Ausstellungskatalog Mannheim 1996/97 (Mainz 1996) 559–573.

G. Hilty, Gallus am Bodensee. Die Kontakte des Glaubensboten mit Germanen und Romanen in der Nordostschweiz des 7. Jahrhunderts. Vox Romanica 45, 1986, 83–115.

W. Kleiber/M. Pfister, Aspekte und Probleme der römisch-germanischen Kontinuität. Sprachkontinuität an Mosel, Mittel- und Oberrhein sowie im Schwarzwald (Stuttgart 1992).

M. Martin, Die Romanen. In: Ur- und Frühgeschichtliche Archäologie der Schweiz, VI. Das Frühmittelalter (Basel 1979) 11–20.

M. Martin, Das spätrömisch-frühmittelalterliche Gräberfeld von Kaiseraugst, Kt. Aargau. Basler Beiträge zur Ur- und Frühgeschichte 5 A (Derendingen, Solothurn 1991); 5 B (ebd. 1976).

W. Melzer, Das fränkische Gräberfeld von Saffig, Kreis Mayen-Koblenz. Internationale Archäologie 17 (Buch am Erlbach 1993).

A. Niederstätter, Alamannen, Romanen, Ostgoten und Franken in der Bodenseeregion. Forschungsstand und neue Überlegungen zur ältesten Vorarlberger Landesgeschichte. Montfort 49/3, 1997, 207–244.

A. Rettner, 402, 431, 476... und dann? Archäologische Hinweise zum Fortleben romanischer Bevölkerung im frühmittelalterlichen Südbayern. In: L. Wamser/B. Steidl (Hrsg.), Neue Forschungen zur römischen Besiedlung zwischen Oberrhein und Enns. Kolloquium Rosenheim 14.–16. Juni 2000. Schriftenreihe der Archäologischen Staatssammlung 3 (Remshalden-Grunbach 2002) 267–285.

A. Rettner, Baiuaria romana. In: G. Graenert/R. Marti/A. Motschi/R. Windler (Hrsg.), Hüben und Drüben. Räume und Grenzen in der Archäologie des Frühmittelalters. Festschrift Max Martin (Liestal 2004) 255–286.

E. Riemer, Romanische Grabfunde des 5.–8. Jahrhunderts in Italien. Internationale Archäologie 57 (Rahden/Westf. 2000).

Angeln, Sachsen, Jüten und Angelsachsen

Beda der Ehrwürdige. Kirchengeschichte des englischen Volkes. Übers. G. Spitzbart (Darmstadt 1982).

C. J. Arnold, An Archaeology of the Early Anglo-Saxon Kingdoms (London – New York 1988).

D. Bischopp, Siedler, Söldner und Piraten. Ausstellungskat. (Bremen 2000) (zu Sachsen)

Th. Capelle, Archäologie der Angelsachsen: Eigenständigkeit und kontinentale Bindung vom 5.–9. Jahrhundert (Darmstadt 1990).

Th. Capelle, Die Sachen des frühen Mittelalters (Stuttgart 1998).

J. Chapman & H. Hamerow (ed.), Migrations and Invasions in Archaeological Explanation. British Archaeological Reports International Series 664 (Oxford 1997).

H.-J. Häßler (Hrsg), 46. Internationales Sachsensymposion »Die Wanderung der Angeln nach England« im Archäologischen Landesmuseum der Christian-Albrechts-Universität Schloß Gottorf, Schleswig. 3. bis 5. September 1995. Studien zur Sachsenforschung 11 (Oldenburg 1998).

N. Higham, Rome, Britain and the Anglo-Saxons (London 1992).

C. Hills, Origins of the English. Duckworth Debates in Archaeology (London 2003).

S. Lucy, The Anglo-Saxon Way of Death. Burial Rites in Early England (Stroud 2000).

M. Müller-Wille & R. Schneider, Ausgewählte Probleme Europäischer Landnahmen des Früh- und Hochmittelalters. Methodische Grundlagendiskussionen im Grenzbereich zwischen Archäologie und Geschichte 1 (Sigmaringen 1993).

J. N. L. Myres, The English Settlements. English Political and Social Life from the Collapse of Roman Rule to the Emergence of Anglo-Saxon Kingdoms (Oxford 1989).

T. Sheppard, Anglo-Saxon Remains found in East Yorkshire (Our German Ancestors). Hull Museum Publications 117 (Hull 1919).

M. Welch, Anglo-Saxon England (London 1992).

Die frühen Slawen

V. D. Baran, Entstehung und Ausbreitung der frühslawischen Kulturen. In: M. Müller-Wille, Starigard/Oldenburg. Ein slawischer Herrensitz des frühen Mittelalters in Ostholstein (Neumünster 1991) 29–51.

F. Biermann, Slawische Besiedlung zwischen Elbe, Neiße und Lubsza (Bonn 2000).

F. Biermann/ S. Dalitz/ K.-U. Heußner, Der Brunnen von Schmerzke, Stadt Brandenburg a. d. Havel, und die absolute Chronologie der frühslawischen Besiedlung im nordostdeutschen Raum. Prähistorische Zeitschrift 74, 1999, 219–243.

S. Brather, Feldberger Keramik und frühe Slawen (Bonn 1996).

S. Brather, Archäologie der westlichen Slawen (Berlin – New York 2001).

P. Donat, Aktuelle Fragen der archäologischen Forschungen zur Geschichte der Slawen im nördlichen Deutschland. Bodendenkmalpflege in Mecklenburg-Vorpommern 48, 2000 (2001), 215–257.

P. Donat, Aktuelle Fragen der archäologischen Forschungen zur Geschichte der Slawen im nördlichen Deutschland. Bodendenkmalpflege in Mecklenburg-Vorpommern 48, 2000 (2001), 215–257.

C. Goehrke, Frühzeit des Ostslaventums (Darmstadt 1992).

J. Herrmann (Hrsg.), Die Slawen in Deutschland. Geschichte und Kultur der slawischen Stämme westlich von Oder und Neiße vom 6. bis 12. Jahrhundert (Berlin 1985).

J. Herrmann (Hrsg.), Welt der Slawen. Geschichte Gesellschaft Kultur (Leipzig-Jena-Berlin 1986).

A. Leube, Germanische Völkerwanderungen und ihr archäologischer Fundniederschlag II. Slawisch-germanische Kontakte im nördlichen Elb-Oder-Gebiet. Ethnographisch-Archäologische Zeitschrift 36, 1996, 259–298.

M. Parczewski, Die Anfänge der frühslawischen Kultur in Polen (Wien 1993).

K. W. Struve, Zur Ethnogenese der Slawen. In: M. Müller-Wille, Starigard/Oldenburg. Ein slawischer Herrensitz des frühen Mittelalters in Ostholstein (Neumünster 1991) 9–28.

Z. Váňa, Die Welt der alten Slawen (Prag 1983).

A. Wieczorek/H.-M. Hinz, Europas Mitte um 1000 (Stuttgart 2000).

Textfragmente aus der Wulfila-Bibel

A. Kiss, Das germanische Gräberfeld von Hács-Béndekpuszta (Westungarn) aus dem 5.–6. Jahrhundert. Acta Antiqua Academiae Scientarium Hungaricae 36, 1995, 275-342.

J. Harmatta, Fragments of Wulfila's gothic translation of the New Testament from Hács-Béndekpuszta. Ebd. 37, 1996/97, 1–24.

Vandalismus

Œuvres de l'Abbé Grégoire. II: Grégoire Député à la Convention Nationale (Nendelen 1977). (Rapport sur les destructions opérées par le vandalisme... abgedruckt Seite 257-279).

R. Hermon-Belot, L'Abbé Grégoire. La politique et la vérité (Paris 2000).

C. Bourgeois, Les Vandales, le Vandalisme et l'Afrique. Antiquités africaines 16, 1980, 213-228.

A. Demandt, Vandalismus. Gewalt gegen Kultur (Berlin 1997).

Künstliche Schädeldeformation

B. Anke, Studien zur Reiternomadischen Kultur des 4. bis 5. Jahrhunderts. Beiträge zur Ur- und Frühgeschichte Mitteleuropas 8 (Weissbach 1998).

E. von Eickstedt, Die Forschungen am Menschen. Teil 2: Physiologische und morphologische Anthropologie (Stuttgart 1944) 922–944.

E. FitzSimmons/J.H. Prost/S. Peniston, Infant Head Molding. A Cultural Practice. Archives of Family Medicine 7, 1998, 88–90.

I. Kiszely, I., 1978, The Origins of Artificial Cranial Formation in Eurasia. B.A.R. International Series, Suppl. 50 (Oxford 1978).

U. Koch, Alamannen in Heilbronn. Archäologische Funde des 4. und 5. Jahrhunderts. Museo 6 (Heilbronn 1993).

St. Seitz, Kulturelle Aspekte der beabsichtigten Kopfumformung. Homo 25, 1974, 231–252.

Chr. Simon, La déformation crânienne artificielle dans le Bassin du Léman: État de la question. In: Les Burgondes, apports de l'archéologie. Actes du colloque international de Dijon (Dijon 1995) 205–215.

J. Werner, Beiträge zur Archäologie des Attila-Reiches. Bayerische Akademie der Wissenschaften. Philosophisch-Historische Klasse NF 38 (München 1956).

Spurenelemente: Knochen und Zähne als Archiv für Migration

R.A. Bentley / T.D. Price / J. Lüning / D. Gronenborn / J. Wahl / P.D. Fullagar, Prehistoric migration in Europe: Strontium isotope analysis of Early Neolithic skeletons. Current Anthropology 43/5, 2002, 799–804.

G. Gruppe / T.D. Price / P. Schröter, Zur Mobilität in der Glockenbecherkultur. Eine archäometrische Analyse südbayerischer Skelettfunde. In: A. Lippert / M. Schultz / S. Shennan / M. Teschler-Nicola (Hrsg.), Mensch und Umwelt während des Neolithikums und der Frühbronzezeit in Mitteleuropa. Ergebnisse interdisziplinärer Zusammenarbeit zwischen Archäologie, Klimatologie, Biologie und Medizin. Internationale Archäologie: Arbeitsgemeinschaft, Symposium, Tagung, Kongress 2 (Rahden/Westfalen 2001) 207–213.

C. Knipper, Die Strontiumisotopenanalyse: Eine naturwissenschaftliche Methode zur Erfassung von Mobilität in der Ur- und Frühgeschichte. Jahrb. RGZM 51, 2004 (im Druck).

T.D. Price / J.H. Burton / R.A. Bentley, The characterization of biologically available strontium isotope ratios for the study of prehistoric migration. Archaeometry 44/1, 2002, 117–135.

Schweissing, M.M. / G. Gruppe, Local or nonlocal? A research of strontium isotope ratios of teeth and skeletal remains with artificial deformed skulls. Anthropologischer Anzeiger 58/1, 2000, 99–103.

Schweissing, M.M. / G. Gruppe, Stable strontium isotopes in human teeth and bone: a key to migration events of the late Roman period in Bavaria. Journal of Archaeological Science 30, 2003, 1373–1383.

Wichtige Fundstellen der Völkerwanderungszeit in Deutschland (alphabetisch)

Altlußheim

D. Quast, Das »Pektorale« von Wolfsheim. Germania 77, 1999, 707ff. bes.716.

A. Wieczorek/P. Périn (Hrsg.), Das Gold der Barbarenfürsten. Ausstellungskat. Mannheim (Stuttgart 2001).

W. Menghin, Schwerter des Goldgriffspathenhorizonts im Museum für Vor- und Frühgeschichte, Berlin. Acta Praehistorica et Archaeologica 26/27, 1994/95, 140–191.

Groß Bodungen und Dortmund

W. Grünhagen, Der Schatzfund von Gross Bodungen. Römisch-Germanische Forschungen 21 (Berlin 1954).

S. Dušek (Hrsg.), Ur- und Frühgeschichte Thüringens (Stuttgart 1999).

K. Regling, Der Dortmunder Fund römischer Goldmünzen (Dortmund 1908).

P.-H. Martin, Die Münzanhänger und Schmuckscheiben aus Graben-Neudorf, Kreis Karlsruhe. Fundberichte aus Baden-Württemberg 10, 1985, 310–317.

F. Berger, Untersuchungen zu römerzeitlichen Münzfunden in Nordwestdeutschland. Studien zu Fundmünzen der Antike 9 (Berlin 1990).

J. Werner, Kriegergräber aus der ersten Hälfte des 5. Jahrhunderts zwischen Schelde und Weser. Bonner Jahrbücher 158, 1958, 372–413.

Nydam

M.Gebühr, Nydam und Thorsberg, Opferplätze der Eisenzeit. Begleitheft zur Ausstellung (Schleswig 2000).

Wolfsheim

D. Quast, Das »Pektorale« von Wolfsheim. Germania 77, 1999, 707–718.

A. Wieczorek/P. Périn (Hrsg.), Das Gold der Barbarenfürsten. Ausstellungskat. Mannheim (Stuttgart 2001).

Zwochau

I. Kraft/K.Balfanz, Ein Gräberfeld der frühen Völkerwanderungszeit aus Zwochau, Lkr. Delitzsch. In: Archäologie Aktuell 5, 1997 (1999), 156–159.

Bildnachweis

S. 2/3/6 Die Alamannen. Ausstellungskat. (Stuttgart 1997) 35 Abb. 13; 56 Abb. 43; S. 9 Titelblatt wie in Legende; S.11 oben nach J. Schmidtová/M. Ruttkay, Das merowingerzeitliche Gräberfeld in Bratislava-Rusovce, Lage Pieskov ý hon. In: Spisy archeologického ústavu AV ČR Brno 2005 (im Druck); S.11 unten nach Germanen, Hunnen und Awaren Taf. 61; S.15 nach Chr. Bader/R. Windler, Eine reiche Germanin in Flaach. Archäologie der Schweiz 21, 1998, 111–124, Abb. 15 mit freundlicher Genehmigung von R. Windler, Zürich; S.16: M Eberlein, Archäologische Staatssammlung München; S.17 nach Mairie de Valentine; durch freundliche Vermittlung von F. Stutz; S.18: Michael Ober, Mainz; S. 21 nach W. Pleyte, Nederlandse Oudheden van de vroegste tijden tot op Karl den Grooten: Afd. Gelderland [Leiden 1887] Taf. VI.; S.22 oben nach B. Overbeck, Rom und die Germanen. das Zeugnis der Münzen [Stuttgart 1985] 32 Nr. 98 und 54 Nr. 165; S.22 unten (nach Ausbüttel, Theoderich 61 Abb. 7) WBG Darmstadt; S. 23: K.R. Krierer, Sieg und Niederlage (Wien 1995) Taf. 108.; S. 25 nach: M. König [Hrsg.], Palatia. Kaiserpaläste in Konstantinopel, Ravenna und Trier. Schriftenreihe des Rheinischen Landesmuseums Trier 27 [Trier 2003] 105 Abb. 8; S. 28 nach Bona, Hunnenreich 10; S. 29 Archäologisches Institut der Slowakischen Akademie der Wissenschaften, Nitra; S. 31: Bóna, Hunnenreich 30f. Abb. 10; S. 32: Musée cantonal d'archéologie et d'histoire Lausanne, Pierre André; S. 33 nach von Eickstedt, 1944, S. 941, Abb. 633; S. 34 oben Bona, Hunnenreich 14; S. 34 unten Bona, Hunnenreich 51; S. 35 Gold der Barbarenfürsten, Theiss-Verlag 2001; S. 36-37: Historisches Museum Budapest – Museum Aquincum; durch freundliche Vermittlung von M. Nagy; S. 40 oben M. Schmauder; S. 40 unten/41 (nach Barbarenschmuck und Römergold 187 Kat.-Nr.15; 199 Kat.-Nr. 45); S. 43 (nach: Gold der Barbarenfürsten 35 Kat. 2.8); S. 45 (nach: Goldhelm, Schwert und Silberschätze 233 Kat.-Nr. 98.7; 235 Kat.-Nr. 98.10); S. 46: Archäologisches Institut der Ungarischen Akademie der Wissenschaften Budapest; durch freundliche Vermitt-

lung von Cs. Bálint; S. 47 (nach: Gold der Barbarenfürsten 156 Kat. 4.9.1.2; 158 Kat. 4.9.5.1. – Goldhelm, Schwert und Silberschätze 252 Kat.-Nr. 102.5; 253 Kat.-Nr. 102.6102.8); S. 48 (nach: Gold der Barbarenfürsten 55 Kat. 4.8.4.13; 79 Kat. 4.8.3.3); S. 50/53/54 unten Ph. v. Rummel; S. 51 British Museum, London; S. 52 oben W. Müller; S. 52 unten : Musée Lorrain à Nancy; S. 54 oben L. Wamser/G. Zahlhaas [Hrsg.], Rom und Byzanz. Archäologische Kostbarkeiten aus Bayern [München 1998] 138f. Nr.160; 57: H. Roth, Kunst und Handwerk im frühen Mittelalter (Theiss-Verlag; Stuttgart 1986); S. 58 unten: AiD 4 /1994 Abb. S. 26; S. 58/59 oben: D. Neubauer, Besiedlung Wettenburg; S. 59 unten: P. Perin/P. Forni, So lebten sie zur Zeit der Völkerwanderung (1985); S. 61 M. Schaub, Römerstadt Augusta Raurica; S. 62, 65: Musée cantonal d'archéologie et d'histoire Lausanne, Pierre André; S. 63: Kantonsarchäologie Aargau, Vindonissa Museum, Brugg; S. 64 oben rechts: H. Gaillard de Sémainville, Les Burgondes – Apports de l'archéologie. Actes du colloque international de Dijon 1992 (Dijon 1995) 37 Fig. 5 ; S. 64 unten links: A. Furger (et al.), Die Schweiz zwischen Antike und Mittelalter (Zürich 1996) 187 Abb. 197; S. 68 K. Weitzmann, Spätantike und frühchristliche Buchmalerei, München, 1977; S. 69: 2000 Jahre Epfach (1985) Titelbild; S. 70 J. Engemann/Ch. B. Rüger (Hrsg.), Spätantike und Frühes Mittelalter. Ausstellungskat. (Köln, Bonn 1991) 81–83 Abb. 46; S. 71 M. Eberlein, Archäologische Staatssammlung München; S.74/75 Canterbury City Council; S. 77 C. S. Fuchs/NLM Hannover; S. 78: Spuren der Jahrtausende (Theiss-Verlag; Stuttgart 2002) Abb. 571; S. 81/82/84 unten F. Biermann; S. 83 Historisches Institut, Universität Greifswald; S. 84 Stadtverwaltung Brandenburg/Havel; S. 88/89 Landesmuseum Schleswig; S. 90/91 Archäologisches Landesmuseum Dresden; S. 92/93 aus Gold der Barbarenfürsten, Theiss-Verlag 2001; S. 94 Landesmuseum Vorgeschichte Halle; S. 95 Museum für Kunst- und Kulturgeschichte, Dortmund Kartengestaltung: Peter Palm, Berlin

Autoren und Herausgeber

Prof. Dr. Matthias Knaut, Dekan des Fachbereichs Gestaltung der Fachhochschule für Technik und Wirtschaft Berlin. E-Mail: m.knaut@fhtw-berlin.de

Dr. Dieter Quast M.A., Wissenschaftlicher Mitarbeiter am Römisch-Germanischen Zentralmuseum Mainz. E-Mail: quast@rgzm.de

Dr. Felix Biermann, Wissenschaftlicher Assistent am Lehrstuhl für Ur- und Frühgeschichte der Universität Greifswald. E-mail: Felix.Biermann@uni-greifswald.de

Dr. Birte Brugmann, freiberuflich als Heritage Consultant in Mannheim tätig. E-Mail: birte.brugmann@heritage-consultant.de

Dr. habil. Michel Kazanski, Wissenschaftlicher Mitarbeiter im «Centre des Recherches d'Histoire et de Civilisation de Byzance» am CNRS in Paris. E-Mail: michel.kazanski@wanadoo.fr

Corina Knipper M.A., schreibt derzeit ihre Dissertation an der Universität Tübingen über »Die räumliche Organisation der bandkeramischen Tierhaltung«. E-Mail: c.knipper@web.de

Dr. Reto Marti, stellvertretender Kantonsarchäologe der Archäologie Baselland in Liestal. E-Mail: reto.marti@bksd.bl.ch

Dr. Dieter Neubauer M.A., derzeit für das Landesamt für Denkmalpflege Hessen Koordinator der Ausgrabungen in Giessen. E-Mail: dieterneubauer@yahoo.de

Univ. Doz. Dr. Walter Pohl ist Direktor des Instituts für Mittelalterforschung der Österreichischen Akademie der Wissenschaften in Wien. E-Mail: walter.pohl@oeaw.ac.at

Dr. Arno Rettner M.A., Konservator an der Archäologischen Staatssammlung in München. E-Mail: Arno.Rettner@extern.lrz-muenchen.de

Philipp von Rummel M.A., schreibt seine Dissertation an der Universität Freiburg i. Br. über »Kleidung und Identität im völkerwanderungszeitlichen Mittelmeerraum«. E-Mail: rummel@ufg.uni-freiburg.de

Dr. Michael Schmauder M.A., Fachreferent für Vorgeschichte am Rheinischen LandesMuseum Bonn. E-Mail: Michael.Schmauder@lvr.de

Tanya Uldin M.A., arbeitet am Anthropologischen Forschungsinstitut Aesch (Kt. Basel-Land). E-Mail: uldin.ari@tele2.ch